LA PHILOSOPHIE

A

L'ACADÉMIE PROTESTANTE DE SAUMUR

(1606-1685)

THÈSE COMPLÉMENTAIRE POUR LE DOCTORAT

PRÉSENTÉE A LA FACULTÉ DES LETTRES DE L'UNIVERSITÉ DE LYON

PAR

JOSEPH PROST

Ancien élève de la Faculté des Lettres de Lyon
Professeur de philosophie au collège d'Epernay

PARIS

HENRY PAULIN ET Cⁱᵉ, ÉDITEURS

21, RUE HAUTEFEUILLE, VIᵉ

LA PHILOSOPHIE

A L'ACADÉMIE PROTESTANTE DE SAUMUR

(1606-1685)

LA PHILOSOPHIE

A

L'ACADÉMIE PROTESTANTE DE SAUMUR

(1606 - 1685)

THÈSE COMPLÉMENTAIRE POUR LE DOCTORAT

PRÉSENTÉE A LA FACULTÉ DES LETTRES DE L'UNIVERSITÉ DE LYON

PAR

JOSEPH PROST

Ancien élève de la Faculté des Lettres de Lyon
Professeur de philosophie au collège d'Epernay

PARIS

HENRY PAULIN ET Cie, ÉDITEURS

21, RUE HAUTEFEUILLE, VIo

1907

A Monsieur Raymond THAMIN

ANCIEN PROFESSEUR DE PHILOSOPHIE A LA FACULTÉ DES LETTRES
DE LYON
RECTEUR DE L'ACADÉMIE DE BORDEAUX

*Hommage de respectueuse et bien affectueuse
reconnaissance*

LA PHILOSOPHIE

A L'ACADÉMIE PROTESTANTE DE SAUMUR

(1606-1685)

CHAPITRE PREMIER

ÉTABLISSEMENT DE L'ACADÉMIE PROTESTANTE DE SAUMUR. DUPLESSIS-MORNAY

Pendant près d'un siècle la petite ville de Saumur a possédé une académie protestante très prospère, réputée non seulement en France, mais à l'étranger. Cette académie elle la devait à un des chefs les plus respectés du protestantisme français, que les hasards de la guerre religieuse lui avaient donné comme gouverneur, en 1589 : Duplessis-Mornay. Celui-ci qui, pour faire triompher sa foi, comptait moins sur les moyens brutaux de la guerre que sur la pénétration des âmes par l'enseignement, sur la puissance que peut avoir la vérité sur des intelligences qu'on a mises en état de la saisir [1], avait aussitôt formé le dessein d'orga-

---

1. « Les rigueurs et les désespoirs n'ont jamais avancé les affaires, moins celles de la relligion qui ont leur siège en une partie qui ne peult recevoir violence, si ce n'est par la force de la raison. » Instruction de Henri IV, dressée par Duplessis. *Mémoires de Duplessis-Mornay*, III, 313.

niser dans sa résidence comme un centre de culture
et de formation intellectuelles, qui préparerait pour son
parti et des ministres éclairés et des défenseurs habiles [1]. Il fallait que le protestantisme français, jusque-
là tributaire des académies étrangères, et chez lequel
une certaine pénurie d'hommes semblait se produire [2],
pût se fortifier sur ce point et se donner ce principe
fécond de vie originale qui lui manquait. Henri IV
avait accueilli d'abord avec bienveillance de telles idées
(1592), il n'en favorisa pourtant pas la réalisation
complète.

Duplessis-Mornay, en effet, outre l'établissement
d'une académie « pour l'institution de la jeunesse et
surtout de la noblesse de la religion » [3], proposait « la
réunion auprès de lui d'un certain nombre de ministres ou docteurs protestants renommés déjà pour leur
savoir et leur talent », et qui devaient se préparer à
entrer en lice dans certaines conférences avec les
docteurs catholiques [4]. Convaincu profondément de la
supériorité de sa foi, il croyait pouvoir bien augurer
de telles conférences, surtout en ce qui concernait la
conversion du roi dont on parlait déjà. Mais Henri IV,
que les considérations politiques inspiraient surtout,
qui voulait plutôt assoupir les dissensions que provo-

---

1. *Mémoires* de Mᵐᵉ Duplessis-Mornay, vol. I, des *Mémoires* de Duplessis-Mornay (édition complète 1824), p. 238 sqq.

2. « Vous m'avez attristé de la mort de M. de Bèze. Et trois ou quatre
estoiles qui nous restent, couchées, je ne vois qu'espaisses ténèbres
parmi nous. Et c'est pourquoi, tandis qu'elles esclairent, je vouldrois
bien vous voir plus soigneux de rechercher des jeunes gens pour y
allumer nos chandelles. » Lettre de Duplessis-Mornay à M. Merlin,
1ᵉʳ juillet 1591.

3. *Mémoires* de Mᵐᵉ Duplessis-Mornay, p. 211.

4. *Mémoires*, p. 238.

quer des conflits dangereux, sans opposer un refus
catégorique à son ami, usa de moyens dilatoires ; et ce
dernier dut se contenter de « lettres d'érection pour
ung collège à Saumur, garny de professeurs ès troys
langues, et ès arts et sciences, promettant de pourvoir,
quand la nécessité de ses affaires le permettroit, au
bastiment et entretenement d'iceluy (20 mars 1593)[1]. »
Cette «nécessité des affaires» continua à mettre des obstacles et des bornes à sa bienveillance. Ce ne fut que
quelques maigres ressources, «un droit sur les deniers
d'octroy», qu'il put accorder dans l'Édit de Nantes.

Néanmoins, l'apaisement que Henri IV avait procuré
au pays avait permis aux protestants de se recueillir
et de s'organiser, et à Duplessis-Mornay surtout d'agir
par lui-même[2]. Dès 1592, on le voit à la recherche de
professeurs non seulement capables, mais distingués.
Ses nombreuses et puissantes relations, et le caractère
internationaliste qu'avait alors le protestantisme lui
permettent de faire des appels dans tous les pays. Dès
le début, l'Angleterre lui fournira Craig et Trochorége,
la Hollande du Ion, la Suisse Béraud. A son instigation les synodes apportent un intérêt particulier aux
questions d'enseignement. Au synode de Saumur en
1596, il est décidé « qu'il est expédient d'advertir les

1. *Mémoires* de Mme Duplessis-Mornay, p. 251. D'après Elie Benoit,
à l'accord de 1593 sur les garanties à donner aux protestants, on
ajouta verbalement à tous les articles qui furent écrits que les «Réfor-
mez pourroient bâtir et renter des collèges pour l'instruction de leur
jeunesse. » *Histoire de la Révocation de l'Édit de Nantes*, Delft, 1693,
vol. I.

2. Cf. Lettre de Duplessis-Mornay à M. de Buzenval, 21 septembre 1601. Il trouve que Henri IV crée aux réformés une situation
convenable : « sur ce fondement on peult solidement bastir ».

provinces de s'éforcer d'establir chacune un collège en leur province, et toutes ensemble deux académies au moins. Les lieux tant des collèges que des académies seront nommés par les provinces. Et dès à présent cette compagnie a jugé cette ville de Saumur propre à y dresser un collège et quand Dieu en donnera le moyen une académie, et a prié M. du Plessis gouverneur de ce lieu de continuer la bonne volonté qu'il a déclarée sur ce fait, et chacun de cette compagnie est prié d'y exhorter ceux de sa province [1]. » En 1599, une ordonnance spéciale des églises « après mûre réflexion » est faite en sa faveur [2]. Les synodes de Montpellier en 1598, de Gergeau en 1601, de la Rochelle en 1607, remédiant à la parcimonie du gouvernement, déterminent les subsides que les fidèles devront fournir à leurs établissements d'instruction. En 1604, « deux corps de logis, près la maison de ville », sont achetés « pour bastir le collège [3]. » Enfin, en 1607, malgré beaucoup de traverses d'origines différentes, l'installation de l'académie était à peu près achevée [4]. L'an-

1. Cf. *La Discipline des Églises réformées de France.* Éd. revue par d'Huisseau, ministre de Saumur, chap. II *des Escoles*, p. 55. Ce texte établit nettement que l'Académie proprement dite de Saumur ne date pas de 1593, comme on le dit ordinairement.

2. Cf. *Registres de l'Académie*, p. 50.

3. *Contredits de production soumis par le syndic du clergé d'Anjou, demandeur contre les protestants de Saumur à MM. Voisin de la Noraye et Henri de Soucelles, commissaires nommés par le roy pour connoistre des contraventions aux édits de pacification.* Bibl. d'Angers, 873, in-fol. pièce 68, p. 11.

4. « Messieurs, vous entendres, s'il vous plaist, par MM. les Pasteurs, députés de notre province d'Anjou, et particulièrement par M. Béraud, l'estat de nostre Académie de Saumur ; tel, à la vérité que s'il vous plaist y donner le faiste comme vous aves le fondement et l'eslévation, il est à espérer que bientôt toutes nos Églises en recevront

née précédente même, Duplessis en avait fêté la « dédicace » (12 octobre 1606)[1]. Le cours de l'enseignement
était organisé ; quelques compléments, relatifs à la
théologie et à la philosophie, restaient seulement à faire,
et il semble, qu'en présence du succès des études et
du concours des étudiants, on y satisfit rapidement. Il
n'y avait là qu'une question d'argent, et les synodes,
qu'une contribution royale de 40.000 livres pour l'entretien du culte, mettait à l'aise, ne semblent pas avoir
craint cette dépense nouvelle. L'académie de Saumur
sera même, à un certain moment, suffisamment riche,
pour pouvoir venir en aide à celle de Genève, qui se
trouvait, elle, dans la gène[2]. Bientôt elle devenait académie royale. Un arrêt de Louis XIII du 23 juillet 1611,

de l'édification et du contentement ; car oultre ce que desjà, pour la
bonne réputation où elle est, les escholiers y abordent de toutes parts,
nous y avons ce bonheur particulier, que dès ce commencement, il y
a nombre d'escholiers en théologie et s'y en rend tous les jours : tellement que, pour peu que vous vous résolviez d'y estendre votre
libérale main, à ce qu'on leur puisse donner plus d'exercice en ce qui
est de la philosophie et de la théologie, vous l'aures en peu de temps
rendeue célèbre et accomplie. Je ne m'estendroi point, Messieurs,
à vous dire les fruicts qui, par la bénédiction de Dieu, en réussiront,
que vous scaurrés assez considérer ; seulement vous supplieroi de
vouloir parfaire l'œuvre que vous aves si heureusement commencé
pour le bien et la propagation de nos Églises, dont, particulièrement
je me sentiroi obligé, tenant à spéciale bénédiction d'avoir, puisqu'il
a pleu à Dieu, ung si précieux thrésor déposé par devers moi, à la
conservation duquel, j'apporteroi, tant que je vivroi, tout ce que Dieu
aura mis en moi. » Lettre de Duplessis-Mornay à Messieurs du synode
national des Églises de France, tenu à la Rochelle, l'an 1607. Cf. Lettre du 25 mars 1607.

1. « Hier nous dédiasmes ici notre Académie, qui s'en va fleurir,
accomplie désormais de toutes pièces nécessaires. » Lettre au duc de
Bouillon, 13 octobre 1606.

2. Lettre de Duplessis à Diodaty, 22 septembre 1611.

qui répondait à un vœu exprimé par l'Assemblée de Saumur de la même année, accordait « aux collèges protestants les mêmes privilèges dont les autres collèges approuvés en ce royaume jouissent[1]. »

La réputation de Duplessis-Mornay, l'estime dont il jouissait, avaient assuré la prospérité de son œuvre. Il était le chef incontesté du protestantisme, ce n'est pas sans raison qu'il avait reçu le nom de « Pape des Huguenots ». Ses conseils étaient sollicités par ses coreligionnaires, qu'il s'agisse d'affaires politiques ou religieuses ; on lui demandait même des directions pour l'instruction des enfants[2]. Comment ne se serait-on pas pressé dans les écoles qu'il venait de fonder et au travail desquelles il présidait ! Aussi, dès 1608, pouvait-il annoncer au synode de la Rochelle le succès complet de son entreprise[3]. Ce succès, malgré quelques difficultés passagères, persista. Les écrivains catholiques eux-mêmes l'ont reconnu et proclamé[4]. Charles Colbert, intendant de la province, dans un de ses rapports, l'a noté officiellement[5].

---

1. *Manuscrit* 873, pièce 68, Bibliothèque d'Angers. Cf. Benoit. *Histoire de la Révocation de l'Édit de Nantes*, II, p. 14.

2. Advis sur l'institution d'un enfant que l'on veult nourrir aulx lettres, envoyé à Mme la princesse d'Orange, à son instance sur le subject de son fils. *Mémoires, Id.*, t. V, lettre 11, p. 65, sans date.

3. Cf. p. 4 note 4. Cf. Lettre de MM. de Berne à Duplessis, du 5 novembre 1613. « Les seigneurs, barons... auroient pris délibération, veu la singulière et grande renommée que vostre Académie de Saumur à acquise par votre grande érudition, industrie, auctorité et soing particulier de la bonne instruction et advancement que la jeunesse y reçoit, en toutes sortes de vertus qui y reluisent... »

4. Cf. *Journal de Jehan Louvet ou journal de tout ce qui est advenu digne de mémoire tant en la ville d'Angers, pays d'Anjou et autres lieux* (1560-1631), publié par *Revue de l'Anjou*, 1852, p. 136.

5. « L'autre université, ou plutôt Académie est à Saumur, tenue et

L'organisation de l'académie de Saumur ne semble
pas avoir différé de celle des autres académies protestantes. Duplessis-Mornay, d'ailleurs, au moment de
l'établir, s'était informé : il avait demandé notamment
la constitution de celle de Leyde, une des plus floris-
santes du protestantisme [1].

Lorsqu'on en donna le règlement définitif, en 1620,
on y trouvait un collège proprement dit, comprenant cinq classes tenues par des régents, dans lesquelles on enseignait surtout le latin : il n'était même
permis aux élèves de ne converser dans l'établissement que dans cette langue. Puis venaient deux années
de philosophie, à la fin desquelles on recevait, à la suite
d'un examen, le diplôme de maître ès-arts ; muni de
ce diplôme on passait en théologie, dont le cours du-
rait trois ans [2]. Il y avait, en plus, des cours spéciaux
d'éloquence, de grec et d'hébreu. Non seulement la théologie formait le couronnement de l'enseignement, mais
c'était elle qui l'inspirait, c'était pour elle qu'il était
organisé [3]. Dans une religion où la lecture des livres

exercée par ceux de la religion prétendue réformée, qui y réunissent
tout ce qu'il y a de gens d'esprit dans leur parti pour la rendre célèbre et florissante. Rapport de Ch. Colbert sur l'Anjou, publié par P.
Marchegay dans les *Archives d'Anjou*.

1. Cf. Lettre à M. de Buzenval, 3 avril 1593.

2. Cf. plus loin p. 53 et appendice. Sur l'organisation de l'enseignement dans les Académies protestantes, cf. Bourchenin : *Les Académies protestantes en France au XVIIe siècle*. Paris, 1882, et Compayré : *Histoire des Doctrines de l'éducation*.

3. Cf. *Lois générales des Académies dressées pour les églises réformées de France au saint Synode d'Alez*, l'an 1620. Ce document
transcrit dans le registre des arrêtés du conseil académique, a été
publié par M. Dumont dans son *Histoire de l'Académie de Saumur*,
p. 16. L'Académie avait à sa tête un recteur élu pour deux ans par
les conseils ordinaire et extraordinaire réunis. Le conseil ordinaire

saints et leur interprétation est si importante, ce qu'il
fallait, avant tout, c'était mettre les fidèles instruits en
mesure d'étudier ces livres saints, d'où la prépondé-
rance très grande qu'avait, à en juger par les programmes, la préparation des textes latins, grecs et hébreux.
Quant à la philosophie, elle ne pouvait être, elle aussi,
qu'une étude subordonnée, préparatoire [1]. Seulement,

était « composé seulement des pasteurs de l'Église, des professeurs
publics et du principal du collège, duquel conseil est chef le Recteur ». Le conseil extraordinaire était « composé et constitué d'aucuns
des principaux de l'Église au choix de la maison de ville si elle est
composée de personnes faisant profession de la religion, ou bien des
consistoires des lieux où il n'y a telle liberté de l'Évangile et des pasteurs et professeurs publics, et du président du conseil extraordinaire. On s'accommodera selon la circonstance des lieux et des personnes. » Le conseil ordinaire se réunissait tous les huit jours, et il
convoquait le conseil extraordinaire s'il jugeait que les affaires l'exi-
geaient. C'était ce dernier qui, après concours, avait le choix des professeurs. A toutes les Académies protestantes était adjoint un collège,
on n'isolait pas chaque enseignement.

1. Duplessis-Mornay ne condamnait pas la raison. On lit dans la
préface de son livre : *De la vérité de la Religion chrestienne*, Anvers
1581 : « La vérité quand elle est révélée esclaircit la raison, et la raison s'en esveille pour appuyer la vérité. Et tant s'en faut que la raison abbaisse la foy, pour nous y faire atteindre ; qu'au contraire elle
nous monte, comme sur ses épaules pour nous la faire voir et prendre pour guide, comme celle seule qui nous peut mener à Dieu, celle
seule de qui nous devons apprendre notre salut. Bref, nous ne disons
pas la raison n : comprend que cela. Ne croyons donc plus outre. Ce
seroit, comme ils dient mesurer la foy à la raison. Ains nous disons,
la raison et la nature ont ceste règle-là : c'est le chemin commun
Mais tel cas s'est fait ou dit outre la raison et outre la nature. C'est
donc un cas extraordinaire, une œuvre, dis-je, ou une parole de
Dieu ; et puisque c'est de Dieu il faut croire ; et croire c'est assub-
jetir sa raison et son discours. C'est donq asservir sa raison par raison à la foy, humilier la raison sous la hauteur de la foy : non rabais-
ser la foy à la mesure de la raison. » Il déclare dans la même préface
« qu'il invoquera Pythagoras, Platon, Aristote, les Académiques et les
Péripatéticiens vieux et nouveaux contre les faux naturalistes ». Ce

comme par elle-même elle implique la réflexion,
l'analyse, il suffisait que ceux qui l'enseignaient eussent de l'originalité, du savoir, qu'ils ne restassent pas
étrangers aux idées ambiantes, pour que, aussitôt, elle
prit une importance au moins relative. Elle donna
même lieu à des luttes d'influence, de doctrine. Son
histoire, par suite, n'est pas sans intérêt ; elle a de
plus un intérêt général, si on considère que la réputation de l'académie attirait beaucoup d'étudiants étrangers ¹ et que Saumur, nous le verrons, se trouva être
alors un milieu cultivé et très hospitalier aux doctrines
nouvelles.

tont les mêmes idées que l'on retrouve chez le grand théologien protestant de Saumur. Moyse Amyrant : cf. son livre : *De l'élévation de
la foy et de l'abaissement de la raison en la créance des mystères de
la relligion.* » Charenton, 1661.

1. Cf. plus loin, p. 136 note 3.

CHAPITRE II

LES PREMIERS PROFESSEURS DE PHILOSOPHIE.
MARC DUNCAN

Les premiers professeurs de philosophie de l'aca-démie de Saumur furent d'origine anglaise, et la doc-trine qu'ils importèrent fut la doctrine scholastique [1]. On sait que le protestantisme, révolutionnaire en reli-gion, était resté traditionaliste en philosophie, et qu'il avait conservé la doctrine et l'enseignement scholas-tique. D'un autre côté, ce n'est pas Duplessis-Mornay, semble-t-il, qui aurait désiré une réforme en ce sens. Nous l'avons déjà dit, ce qu'il voulait former à Saumur, c'étaient des gens instruits dans sa religion et pouvant la défendre avec les armes de l'intelligence, et non des esprits habitués seulement à réfléchir et à analyser. Puisqu'il s'agissait de lutter contre les catholiques, ou, tout au moins, de se défendre contre eux, il fallait bien connaître les procédés et l'art des adversaires et aussi leurs sources pour pouvoir rivaliser avec eux et même l'emporter sur eux. Ainsi ce qu'il se proposait d'impo-

---

1. Sur les procédés d'enseignement usités en philosophie. Cf. Regis-tres : Délibération des 25 septembre 1656. Nous reproduisons cette délibération, p. 78. Cf. aussi, p. 55, sqq. et p. 129, note 3.

ser aux ministres qu'il avait songé à réunir auprès de lui, c'était, d'après Mme Duplessis-Mornay, « de leur faire rafraischir la lecture des anciens, mesmes des scholastiques et que chacun en prinst sa part à lire...[1] » Ce qu'il importait, en un mot, ce n'était pas de trouver la vérité, c'était chose faite, c'était de la dégager des obscurités qui, selon lui, la cachaient aux yeux non prévenus, de faire disparaître tous les artifices qui pouvaient la déformer et la démarquer; subtiliser, insister, étaient même dangereux[2]. Comme les sources étaient l'objet de la théologie, la philosophie ne pouvait être que ce qu'elle était au moyen âge, à savoir une méthode et une élucidation des conceptions de la nature que donnaient les livres saints ; elle se réduisait à la logique et à la physique, et ce sont, en effet, les deux seules parties qui, jusqu'à 1616, furent enseignées à Saumur[3]. Que ces professeurs fussent étrangers, et, en majorité, anglais, c'était presque une nécessité. Voulant une élite de professeurs, Duplessis-Mornay ne pouvait songer à la trouver en France, où les ravages des guerres religieuses et civiles avaient arrêté le développement des études, où même le protestantisme n'avait pu encore sérieusement s'organiser ; et l'Angleterre était le pays d'Europe où, au sortir du moyen âge, les études étaient restées le plus prospères, où

1. *Mémoires*, p. 238. D'après Bruckers (IV, 250) le retour des protestants à la scholastique n'eut pas d'autre raison.

2. « Non curiose ostentare, non urgere acrius, in theologicis præsertim, ubi τὸ φιλαλήθες, ita regnare debet, ut τὸ φιλνεικον longe amoliatur. »

Lettre à MM. de l'Université de Saint-André (Écosse), 25 mai 1605.

3. En 1616 Duncan nommé principal sera chargé de faire un abrégé de métaphysique (Registres de l'académie).

même le grand nombre des universités laissait plus
facilement un certain personnel disponible [1]. D'ailleurs,
Duplessis-Mornay était personnellement connu et estimé
en Angleterre ; il était en relation avec les universités
de ce pays. Son appel n'était pas celui d'un inconnu,
on ne pouvait qu'y répondre.

Au début de l'académie, les professeurs de philosophie que l'on trouve indiqués sont : Craig, qui quitta,
au bout d'un an, son enseignement pour celui de la
théologie ; Volmann, qui probablement le remplaça et
en 1614, retourna dans son pays [2], et, enfin, Marc Duncan. De Craig philosophe et de Volmann, nous ne
savons rien, mais nous avons quelques renseignements
sur Duncan [3]. C'était un noble écossais des environs

1. Saumur n'était pas la seule ville de la région possédant des professeurs de philosophie anglais. Il y en avait à Angers, à Poitiers.
« En 1606, le docte *Barclay*, Écossais, docteur es-droits, étoit à
Angers depuis trois ans, où il s'étoit mis à enseigner. Il accourut une
foule d'escoliers de toutes nations au bruit de sa doctrine, ce qui fut
cause d'une infinité de désordres dans Angers. » Histoire d'Anjou
par Barthélemy Roger, ancien moine bénédictin, publiée dans la *Revue
d'Anjou*, 1852. « Daillé à seize ans alla faire sa logique à Poitiers,
sous un Écossais nommé *Adamson*, et un Italien appelé, Ango *Poli-
tien* ». *Histoire littéraire du Poitou* par Dreux-Duradier. Article.
Daillé. Le 18 février 1618 il parut à Saumur un libelle diffamatoire
contre les professeurs écossáis de l'Académie et les Écossais en général. Deux proposants : Bachellé de Metz et Lietordt d'Amsterdam
furent soupçonnés ; le premier fut exclu et le second censuré. (Registre.) En 1622, il y eut un arrêt, jamais exécuté d'ailleurs, de Louis XIII,
qui interdit de recevoir comme ministres ou professeurs des étrangers. Cf. Bourchenin, *op. citat.*, p. 403.

2. Cf. Dumont. *Histoire de l'Académie protestante de Saumur*, initio et surtout Registres de l'Académie.

3. Cf notice sur Duncan par Célestin Port dans son *Dictionnaire du
Maine-et-Loire*. Dumont, *op.cit.*, p. 21. Bayle : *Dictionnaire. Souvenirs
anecdotiques de Saumur*, par le Dr Gaulay. Saumur, 1843 et surtout

d'Edimbourg, docteur en médecine, et qui, dès 1606, enseigna à l'académie. Il se maria en 1611 avec une jeune fille de Saumur. Quoique attaché à l'académie, il continua, cependant, à exercer sa profession, et avec le plus grand succès, puisque, malgré sa religion, il fut le médecin de l'abbesse de Fontevrault, Eléonore de Bourbon, et de la maréchale de Brezé. Sa réputation était même telle que le roi d'Angleterre, Jacques Ier, envoya, dit-on, près de lui le duc de Sommerset pour le prier de revenir dans son pays et d'accepter d'être son médecin particulier. Mais sa jeune femme ne se montra pas disposée à le suivre et, à cause d'elle, il se fixa définitivement à Saumur. Il paraît avoir été aussi distingué professeur qu'excellent médecin. Il avait pris une place importante à l'académie et, ce qui le prouve, c'est que, lorsqu'on songea à donner un principal au collège, ce fut lui qui fut choisi (1616) ; il semble même avoir imposé ses conditions tellement celles-ci lui étaient favorables. C'est ainsi qu'il conservait la faculté d'exercer sa profession et qu'il était dispensé à cet effet de conduire les élèves au temple. De plus, non seulement il avait une autorité absolue sur les régents, mais celle-ci s'étendait même aux professeurs de philosophie qui, dans leur enseignement, étaient justiciables de lui, et sur lesquels sa primauté de rang était bien spécifiée [1]. Malgré une tentative pour lui

les Registres de l'Académie. Dans *l'Armorial de la sénéchaussée de Saumur* par de Busserolle. Saumur, librairie Milon 1883, on rencontre l'indication suivante : « Duncan, écuyer, seigneur de Sainte-Hélène, résidant dans l'élection de Saumur. Armes : De sinople, au pélican dans son aire, d'argent : au chef d'or chargé de trois étoiles de gueules.

1. Cf. Registre, 7 septembre 1616.

enlever ce principalat, il le conserva jusqu'à sa mort
survenue le 22 mars 1640 [1]. Comme il fit pendant ce
temps de nombreuses et parfois longues suppléances,
à la suite de vacances qui se produisirent, comme il
continuait à être spécialement chargé de quelques
leçons nouvelles de métaphysique, on peut le considérer comme le véritable représentant de la philosophie
à l'académie de Saumur pendant toute cette période.

Il reste de Duncan un cours de logique, publié en
1612, avec dédicace à Duplessis-Mornay, et réimprimé
à Saumur, en 1655 [2]. C'est un simple manuel classique,
sans prétention, et composé surtout en vue des élèves,
dont il était destiné à faciliter le travail. Ce qui le caractérise, c'est un souci constant de supprimer toutes
les questions oiseuses et stériles et de ne donner que
les règles que suppose une recherche raisonnée de la
vérité [3]. Plus de ces objections et de ces réponses, de
ces instances qui alourdissent, en général, les traités

1. On lit dans Bayle, *Dictionnaire*, art. *Duncan* : « il mourut l'an
1610 regretté de tout le monde tant catholiques que réformés, de
quelque qualité qu'ils fussent. Il possédait admirablement la philosophie, la théologie et les mathématiques, outre la médecine qu'il exer-
çait avec beaucoup d'honneur. Ce qui est le plus estimable, c'est qu'il
était un homme d'une grande probité et d'une vie exemplaire. » La
tentative pour lui enlever le principalat ne réussit pas, ainsi qu'en
témoignent les Registres de l'Académie. Il y a erreur à ce sujet de la
part de Célestin Port dans sa notice.

2. *Marci Duncani Philosophiæ et Med. D. Institutionis logicæ Libri
quinque, in usum Academiæ Salmuriensis quartum editi ut erant ab
auctore recogniti. Salmurii MDCLV*, in-12, 355, p.

3. « Dum enim a te probentur quid alii de iis censeant non admo-
dum laboro, cum in illis conscribendis, non famæ, sed officio et bonæ
conscientiæ operatus sim, nempe ut discipulis meis dictatorum quo-
tidie excipiendorum laborem parte aliqua minuerem, et ut hoc speci-
mine administrationis meæ, rationem aliquam tibi, ut par erat, red-
derem .. » Dédicace du livre.

scholastiques, et qu'on retrouve chez certains de ses successeurs ; ce qu'on veut, c'est être compris et suivi des lecteurs, et leur être utile[1]. Et on ne saurait nier que, plus d'une fois, un tel souci n'ait donné à Duncan, ainsi que nous le verrons, comme un pressentiment de la véritable méthode scientifique.

Ce traité est précédé de longs prolégomènes dont l'objet est de fixer la place de la logique dans la philosophie et d'en déterminer la nature. Duncan nous y donne une idée générale et précise de ses conceptions. Il commence, d'abord, par expliquer la définition de la sagesse présentée par les stoïciens et les platoniciens, à savoir: la connaissance des choses divines et humaines: puis il examine celle d'Aristote (*Eth. à Nic. VII*, 6), la connaissance des choses de nature supérieure, jointe à l'intelligence des premiers principes; et il montre que ces deux définitions correspondent à des conceptions différentes. Pour les stoïciens, la sagesse, c'est une perfection absolue de l'esprit humain tout entier, aussi bien au point de vue intellectuel qu'au point de vue pratique, tandis que, pour Aristote, elle n'exprime qu'une perfection de la connaissance ; et ce qui le prouve bien, c'est que la prudence, identifiée avec la sagesse par les stoïciens, en est distinguée par Aristote.

1. « Jam igitur Logicæ partes proposito nostro convementer tractavimus. Quædam enim vel ut minuta nimis, vel ut Spinoza, consulto omisimus, alia leviter perstrinximus ; summa vero rerum capita et ad usum maxime pertinentia, nisi nostri nos amor occæcavit, clare et dilucide explicavimus et cancorum carnes ab ossibus separatas mensis his nostris intulimus. » Note finale du cours. Multos scholastici de variis vocabulorum acceptionibus vel suppositionibus, argurantur καί λεπτολογοῦσι. Nos quæ utilissima videntur delibavimus, *id.*, p. 153.

La philosophie n'est qu'une sagesse humaine; ce n'est qu'un commencement de sagesse, une sagesse relative. La connaissance de l'individu, en effet, nous dépasse, nous devons nous contenter de celle des genres et des espèces et quel est encore celui qui peut prétendre avoir cette dernière tout entière ? « Qui que tu sois, frappe ton cœur, peut-on dire avec Pétrarque, et tu pourras constater entre ce que tu sais et ce que tu ne sais pas une proportion analogue à celle qui existe entre l'Océan et un maigre ruisseau que dessèche la chaleur de l'été? » Bien plus, notre connaissance consiste beaucoup plus en opinions qu'en savoir véritable. Pythagore en avait conscience quand il voulait que le nom de sage ne fût donné qu'à Dieu seul, et que l'homme se contentât de celui d'amant de la sagesse. Et Platon et Aristote étaient du même avis. La philosophie pour Platon n'est-elle pas la fuite du monde sensible vers le monde intelligible, et la mort pour Aristote n'est-elle pas le commencement d'une vie céleste, ne permet-elle pas aux pauvres humains de passer dans le monde de l'immortalité [1]?

Quelle place tient la logique dans la philosophie, comment la concevoir et la diviser ?

Les stoïciens et les platoniciens font de la logique une partie de la philosophie. Cette dernière comprend en effet, d'après eux, la logique qui a pour objet l'étude de la raison et du discours, l'éthique ou morale qui traite du souverain bien et donne les préceptes pour bien agir, et la physique ou philosophie natu-

---

1. Duncan s'inspire sans doute de Mélanchton dont le péripatétisme se mélange à des éléments platoniciens et stoïciens.

relle dont l'objet est la nature tout entière, à savoir :
Dieu et le monde avec tout ce qu'il renferme.

Autre est la division des péripatéticiens. Celle-ci est
binaire : elle distingue une partie théorique ou con-
templative et une partie pratique ou active ; l'une a
pour unique fin la connaissance de l'objet, l'autre a pour
fin la connaissance qui doit diriger la pratique. C'est
que, parmi les objets qui s'offrent à l'étude du philosophe, les uns, qui dépendent de Dieu et de la nature, nous
laissent seulement la faculté de les connaître, tandis
que les autres, au contraire, tombant sous notre action,
peuvent être non seulement un objet pour notre intelligence, mais aussi une fin pour notre activité. La philosophie théorique se subdivise, à son tour, en philosophie
première, physique et mathématique. La philosophie
première, qui reçoit les noms de théologie et de métaphysique, étudie les êtres incorporels et les raisons
(*rationes*) communes aux êtres incorporels et corporels.
La physique étudie les corps, leurs principes (*principia*)
et leurs qualités. Les mathématiques étudient les pro-
priétés des corps qui en sont abstraites et considérées à
part, telles que le nombre (arithmétique), la grandeur
et la figure (géométrie). La philosophie pratique se subdivise de son côté en éthique, dont l'objet est le souverain bien et le perfectionnement de la conduite humaine, en politique et en économie. Dans une telle
classification, on le voit, la logique n'a aucune place :
elle ne donne pas, en effet, de préceptes pour agir et
elle ne procure la connaissance d'aucun objet ; elle se
borne à fournir à la philosophie des instruments de
recherche. Par suite, si on veut qu'elle soit une partie
de la philosophie, il faudra donner une autre division

que celle ci, distinguer une philosophie principale, qui se subdivise en théorique et pratique, et une philosophie instrumentale qui est la logique. On se heurtera, sans doute, à l'opposition de certains péripatéticiens, mais on pourra répondre en invoquant plusieurs textes d'Aristote favorables, et en rappelant que Diogène Laërce, dans la vie de ce philosophe, déclare que, selon lui, la logique est en une certaine manière une partie de la philosophie, qu'elle rentre dans la philosophie théorique dont elle est l'instrument.

Qu'est-ce donc d'une façon précise que la logique, quelles en sont les parties ? Duncan la définit : « une discipline directrice de l'esprit humain dans l'acquisition et la transmission de la science d'un objet donné [1] » ; et il explique ainsi cette définition. La logique est une discipline en ce sens qu'elle correspond à une disposition dianoétique ou qualité de l'esprit acquise par des préceptes ou des exercices, et qui nous rend plus habiles et plus aptes à exercer une fonction, qui est ici celle de la connaissance. Et c'est une discipline pratique, parce que l'objet qu'elle se propose n'est pas seulement la connaissance, mais aussi l'organisation de la connaissance, c'est-à-dire la réglementation d'une certaine activité. Bien philosopher, c'est-à-dire, acquérir et communiquer la science, suivant toutes les règles (recte), voilà sa fin prochaine ; la science elle-même n'est que sa fin éloignée. Toute manifestation de la pensée, quelle qu'elle soit, tombe sous sa juridiction, puisque penser, c'est raisonner.

Reste une dernière question : La logique est-elle un

1. « Logica est disciplina directrix humanæ mentis in thematis cujusque propositi scientia quærenda et cum aliis communicanda », p. 21.

art ou une science?Si l'on s'en tient scrupuleusement
à la conception qu'Aristote donne des vertus intellectuelles, c'est comme un art qu'on doit la considérer ;
de telles vertus, en effet, sont pour lui des dispositions
purement spéculatives et dont l'objet est le nécessaire,
c'est-à-dire, ce qui dépend de Dieu et de la nature et
non de notre volonté [1]. La logique, qui est une discipline pratique, ne peut donc en faire partie, et, comme
toute discipline pratique est ou activité morale ou art
et que la logique est distincte de l'activité morale, il
reste qu'elle soit un art. Une telle question ne se pose-
rait pas si on prenait toujours les mots art et science
dans leur vrai sens. Si l'on ne voit entre la science et
l'art d'autres différences que celles qui séparent deux
vertus de l'esprit, le mot d'art peut alors désigner ou
toute discipline d'une activité réelle, que celle-ci soit
immanente ou transitive, ou cette dernière seule. Il est
manifeste alors que si, dans le premier cas, la logique
peut être un art, elle ne l'est plus dans le second, puisque son domaine est limité à la pensée elle-même, et
que la voix et l'écriture, qui permettent à la pensée de
se manifester, ne sont pas de sa compétence. De même,
qu'on donne au mot science un sens large, qu'on lui
fasse signifier toute méthode de connaissance raisonnée, c'est-à-dire, d'explication par les causes et les
principes propres, et la logique pourra être considérée comme une science, mais elle ne le pourra plus
si on limite cette méthode de connaissance raisonnée
à une étude spéculative dont l'objet est le nécessaire.

1. Aristote ne s'est pas posé la question : La logique est-elle une
science ou un art? Ramus l'avait fait remarquer. Cf. Barthélemy St-
Hilaire : *Introduction à la Logique d'Aristote*, XV.

Tout art demande une matière sur laquelle il s'exerce. Si cette matière ne présente aucune originalité ou exigence particulière, une connaissance vulgaire en est suffisante, et c'est la connaissance des instruments mis en œuvre et la façon de s'en servir qui seules importent véritablement. Mais, quand cette matière offre des déterminations spéciales et multiples, il faut pour l'art qui s'y applique non seulement la connaissance des instruments à employer et l'habileté de s'en servir, mais aussi une véritable étude de cette matière, et c'est le cas de la logique, comme c'est celui de la rhétorique et de la médecine. Deux parties, par suite, devront être distinguées dans la logique, comme dans tous les arts du même genre : l'une, la première, qui comprend l'étude des différents objets offerts à notre connaissance et de leurs caractères, l'autre, qui donne les instruments et les règles de la connaissance de ces objets [1]. Et la première partie doit précéder la seconde, puisque c'est la connaissance des objets qui peut seule fixer le choix des instruments que demande leur étude. Parfois, par exemple, la définition suffira, d'autres fois, au contraire, il faudra faire appel au syllogisme.

D'après ces préliminaires, on peut déjà se rendre compte que, si Duncan se rattache toujours à l'antiquité, s'il ne craint pas de s'appuyer sur elle, il conserve, cependant, une certaine indépendance. S'il accepte ou propose des conceptions, ce n'est jamais qu'après

1. « Logicæ partes duæ sunt : una de materia operationi logicæ objecta, sive de thematum sciendorum generibus, speciebus, differentiis et affectionibus : altera de instrumentis sciendi, sive de faciendis ut thematis cujuscumque propositi scientiam adipiscamur », p. 33.

les avoir soumises à son propre examen et en avoir
éprouvé la justesse. Ce qui semble surtout importer
pour lui, c'est de se faire des idées exactes, précises,
correspondant parfaitement aux choses ; et ce sont les
mêmes préoccupations qu'on retrouve dans tout son
Traité. Nous ne continuerons pas notre analyse, nous
nous bornerons seulement à signaler ce qui nous a
paru dénoter chez l'auteur quelque originalité, et, surtout un certain sentiment de cette méthode scientifique que beaucoup pressentaient ou même pratiquaient
déjà, et qu'un Bacon, puis un Descartes devaient mettre en pleine lumière.

Dès le premier livre dont la matière est l'étude du
thème simple (*thema simplex*)[1], il manifeste un grand
souci de s'en tenir uniquement aux questions relatives à
la logique. Il fait remarquer que les thèmes simples
peuvent être distingués en singuliers et universels, et que
les seconds seuls doivent être étudiés par la logique,
puisque les premiers échappent aux prises de la science.
Il s'efforce, alors, de bien préciser la signification de
l'universel. Il le définit d'abord : « ce qui, par nature,
peut être affirmé de plusieurs choses », insistant sur le
mot : par nature, qui distingue l'universel réel de l'universel de mot. Il le définit encore : ce qui est divisible en
plusieurs éléments, qui tous sont susceptibles de la
même définition, ce qui permet de ne pas confondre l'universel avec l'homonyme, qui est fondé sur une simple
similitude de nom. Ainsi, homme, par exemple, convient
également et dans le même sens à Platon et à Socrate,
tandis que le mot Socrate, appliqué à deux personna-

---

1. De Themate simplici sive περὶ τῶν κατα μηδεμιαν συγπλυκὴν
λεγομένων.

ges distincts, prend chaque fois une acception particulière. Il rapporte également les définitions données
par Aristote et Porphyre ; mais il omet à dessein toutes celles qui ont un caractère métaphysique. « Ce qu'il
a dit de l'universel suffit, dit-il, en logique. Toutes les
autres discussions ordinaires sur ce sujet sont épineuses et pleines d'obscurité, c'est à la métaphysique qu'il
faut les reporter. C'est pourquoi Porphyre, au début
de son *Isagoge*, déclare qu'il s'en abstiendra. Sans
doute, de récents interprètes de ce dernier, dans le but
de faire briller une érudition, qui est déplacée, s'atta-
chent à ne négliger aucune question se rapportant aux
universaux, lui, il ne les suivra pas. » Seulement, s'il
repousse toute question oiseuse ou difficile, s'il écarte
tout ce qui ne pourrait être qu'un vain jeu d'esprit, il
retient avec insistance toute étude qui lui paraît devoir
élucider le mécanisme de la connaissance et pouvoir
fournir pour la pratique quelques règles utiles. C'est
ainsi que, contrairement à quelques-uns de ses prédé-
cesseurs, il s'attarde à l'exposition des catégories.

Il les définit avec l'école : « la classification sous un
genre suprême des genres et des espèces des notions
premières dans leur ordre naturel et avec leurs différences propres et constitutives [1]. » Il en compte dix :
substance, quantité, qualité, relation, action, passion,
lieu, temps, situation, manière d'être. Il fonde son
énumération sur ce fait qu'elle comprend toutes les
questions que l'on peut se poser à propos des êtres

1. P. 45, 46.

2. « Categoria est classis generum et specierum primæ notionis sub
uno summo genere per differentias divisas et constitutivas naturaliter dispositorum », p. 56.

substantiels, et la diversité de ces questions établit, d'après lui, la diversité des genres, car s'il n'y avait qu'un genre, il n'y aurait aussi qu'une seule et même question que l'on pourrait faire au sujet des êtres. Cette définition et cette classification des catégories, de même que l'étude qu'il donne de chacune, montrent que dans sa classification des choses, c'est plutôt à Aristote et aux scholastiques, ses partisans, qu'il se rattache. A propos de la catégorie de substance, il distingue des substances premières et des substances secondes, et il établit que les substances premières ou individus sont premières pour trois raisons. D'abord, elles le sont au point de vue de l'existence, puisque tout ce qui existe est singulier et que l'universel (substance seconde) n'existe que dans le singulier et par le singulier ; elles le sont ensuite, parce que agir est le propre de l'individu, que tout ce qui agit par soi, existe par soi, ce qui n'est vrai que de l'individu. Enfin, elles le sont parce que l'individu tombe sous les prises de nos sens, et se trouve par là l'objet de la première connaissance dans le temps. Il fait ainsi profession de conceptualisme. Dans son exposition de la catégorie de qualité il est amené à poser dans chaque être une puissance naturelle intérieure, qui, insaisissable en elle-même, se manifeste par son opération et se rattache à une forme substantielle interne. L'activité d'une telle puissance peut être immanente, mais elle peut être aussi transitive, avoir une efficacité réelle. Il donne de la quantité une autre définition qu'Aristote : « c'est, dit-il, ce dont les parties sont extérieures les unes aux autres, ou, autrement, ce dont les parties sont homogènes. » Mais il montre immédiatement que la différence n'est que dans la forme. Dans sa conception de l'unité, c'est à un auteur mathématicien, Psellus [1], qu'il déclare se rattacher. « Le nombre, dit-il, est vulgairement divisé en nombre nombrant et nombre nombré, mais il me semble préférable de distinguer un nombre formel ou abstrait et un nombre matériel ou concret. Le premier, c'est la multitude composée d'unités, par exemple : deux trois, quatre, le second, c'est la multiplicité réelle, par exemple, deux hommes, trois hommes, deux années, trois années. La quantité discrète comprend seulement le nombre abstrait. L'unité n'est pas un nombre, mais une partie du nombre, et, comme le dit élégamment Psellus dans son arithmétique : « le principe des nombres est lui-même sans nombre. Ce n'est pas un nombre qui est le principe générateur de la multitude, ce principe gardant quelque ressemblance avec la puissance qui, sans être l'être, est le principe créateur de tous les êtres. » Aux définitions des grandeurs données par Aristote, il joint également les définitions des géomètres qui, se faisant par génération, ont, d'après lui, l'avantage de nous faire assister à la formation des grandeurs et de nous fournir les rap-

1. Michel Constantin Psellus (1020-1110). Précepteur de l'empereur Michel Ducas dit Parapinace, puis son principal conseiller quand il monta sur le trône. Tout à la fois mathématicien, philosophe, orateur, médecin et alchimiste. Il a écrit de nombreux ouvrages sur des sujets divers : Paraphrase sur le *Traité de l'Interprétation d'Aristote* (Venise, 1503) *Commentaires sur les huit livres de l'Acoustique d'Aristote*, traduit en latin par Comozzi, 1551. *Des quatre sciences mathématiques*, Bâle, 1556. « Psellus est l'initiateur d'un mouvement qui aboutit sans solution de continuité au platonisme de la renaissance italienne. Ce n'est pas un simple compilateur ; il professe un éclectisme teinté de néo-platonisme et d'Aristotélisme » de Wulf. *Histoire de la Philosophie médiévale*, 2e éd., p. 237, Alcan.

ports qu'elles soutiennent avec leurs éléments consti-
tuants [1]. Elles font de la ligne « la trace laissée par un
point en mouvement, elles montrent la surface formée
par le mouvement de la ligne et le solide par le mouvement de la surface. Le point n'est pas une partie de
la ligne, ni la ligne de la superficie, ni la superficie du
solide ; d'une façon générale et absolue, la copule des
parties d'une quantité continue n'est pas du nombre
des parties qu'elle réunit. Autre est ce qui est réuni
et autre ce qui réunit. C'est le point qui sert de lien
aux parties de la ligne, la ligne aux parties de la surface, la surface aux parties du solide. C'est ce qui
fait qu'une ligne n'est pas composée de points, mais
de lignes, qu'une surface n'est point composée de lignes,
mais de surfaces, que le solide n'est point composé de
surfaces, mais de solides. On comprend, par suite, que
toute grandeur puisse être divisible à l'infini, comme
le démontre Aristote (*Phys.* VI). Mais, par contre, si le
nombre peut s'accroître à l'infini, il voit sa division
s'arrêter à l'unité [2]. Quand il expose la catégorie de l'action, il reproduit encore, d'une façon générale, Aristote,
mais avec une tendance, cependant, à considérer surtout
l'action dans son rapport avec la cause efficiente, plutôt que dans le passage de la puissance à l'acte. « L'action, dit-il, n'est pas tant une chose que le mode par
lequel une chose qui n'était pas commence d'être,
l'action, c'est donc la causalité de l'agent ou la raison

1. « Superiores enim definitiones declarant quid sint magnitudines
jam factæ et existentes ; sed hæ sunt definitiones magnitudinum in
fieri ; hoc est imaginationem nostram juvant in comprehendendo
modo quo magnitudines a terminis suis oriri dicuntur », p. 72.

2. Il faut noter que Duncan avait enseigné à l'Académie les mathématiques, cf. *Registres*, 7 janvier 1626.

formelle suivant laquelle il est nommé agent [1]. » Par
exemple, Dieu est agent, la créature est l'effet de Dieu,
la création, ou mode de dépendance de la créature par
rapport à Dieu, est l'action de Dieu. D'où il vient que
« l'action ce n'est pas l'effet, mais le devenir lui-même
en tant qu'il procède de l'agent. » On verra plus tard
qu'il fait de la cause efficiente la cause proprement
dite.

Duncan insiste moins sur les autres catégories, re-
grettant même le peu qu'il dit de celle de la manière
d'être, « dont l'usage en philosophie est très restreint et
presque nul. »Il termine leur étude en établissant que
les individus, les différences, les éléments etc., s'ils ne
rentrent pas directement sous les catégories comme les
espèces et les genres, tombent, cependant, indirectement
sous elles, ce qui leur donne une application universelle. Or, leur rôle dans la connaissance est important.
Au point de vue logique, elles sont indispensables pour
l'établissement de la définition, de la division et du
raisonnement. Toute définition, en effet, se fait par le
genre et la différence, et qui nous donne le genre,
sinon les catégories ? Toute division suppose une distinction progressive des genres et des espèces, et où
en trouver de plus parfaits modèles que dans les catégories ? Enfin, d'un usage nécessaire pour la définition et la division, les catégories se trouvent, par le
fait même, l'être aussi pour le raisonnement qui s'appuie sur ces deux opérations. Bien plus, elles se trou-

1. « Actionis definitionem inventu difficiliorem reddit propria actionis conditio et natura, quia non tam est res quam modus quo res, quæ
non erat, incipit esse. Actio igitur est ipsa agentis vel efficientis
causalitas, sive est formalis ratio secundum quam aliquid dénomina-
tur agens », p. 92.

vent constituer comme le fondement de toute la philosophie. Par elles, en effet, les deux grands obstacles
que rencontre l'établissement de la science, à savoir :
la multitude et la confusion des choses, se trouvent sur-
montés, puisqu'elles font rentrer précisément cette
multitude sous un petit nombre de classes et donnent
à chaque chose une place précise. Il fallait leur invention pour que de telles difficultés n'arrêtent plus l'esprit.

A l'étude des catégories fait suite celle des caractères (*affectiones*), qu'une fois rangés dans les catégories les différents objets reçoivent des comparaisons
qu'on peut instituer entre eux. Ces comparaisons peuvent porter sur des rapports de convenance, de disposition et d'ordre. De tels rapports, au point de vue logique, ne sont autres que les différents prédicables
(genre, espèce, différence propre et accident commun);
au point de vue physique, ce sont les rapports du tout
à la partie, de la cause à l'effet, du sujet à l'attribut
et les différentes oppositions. Dans l'étude des relations
de cause et d'effet, Duncan semble ajouter aux scholastiques et s'inspirer des exigences de la science. Il
commence, d'abord, par distinguer la simple condition
nécessaire, ou *causa sine qua non*, de la cause véritable
qui implique, en plus, activité efficace, « production d'être
en quelque manière[1] » ; et, réformant la division d'Aristote qu'il ne trouve ni prochaine, ni immédiate, il distingue des causes internes (nature et forme) et des cau-

---

1. « Quodcumque ita antecedit effectum ut sine eo effectum esse non
possit, id vulgo appellatur *causa sine quâ non*. Sed ex illis quæ
effectum natura aut tempore antecedunt, hoc duntaxat proprie et vere
causa est *cujus vi res est*, sive quod aliquo modo tribuit *esse* », p. 117.

ses externes (causes efficientes et causes finales). Il fait
remarquer à propos de la matière et de la forme que,
si la présence de l'effet entraîne toujours celle de la
matière, sans que l'inverse soit vrai, la présence de la
forme, au contraire, entraîne toujours celle de l'effet.
La vraie cause pour lui, ou, du moins, celle qui mérite
surtout le nom de cause, est la cause efficiente [1]. La
définition qu'en donne Aristote, à savoir : ce qui est
le premier principe du changement et du repos lui paraît insuffisante en ce qu'elle ne convient qu'au changement physique [2], et il lui substitue cette autre plus
générale : ce par quoi une chose est (*efficiens est causa
a qua res*). Il distingue une cause efficiente par elle-
même ou naturelle et une cause efficiente par accident,
qui procède du hasard ou de la fortune. La première
peut être soit solitaire (*solitaria*) et alors elle est adéquate et totale, soit alliée (*socia*), et alors elle est ina-
déquate et partielle. Elle peut être également principale
ou secondaire (*minus principalis*), éloignée ou prochaine, réciproque ou non réciproque. A propos des
causes éloignées ou prochaines, il rappelle une classification donnée par les médecins. « Les médecins, dit-
il, divisent les causes efficientes des maladies en trois
classes : 1° une cause efficiente προκατάρκτική, qui a le
nom de cause évidente, manifeste, primitive (*causa evi-
dens et lacessens et primitiva*) ; 2° une autre προηγουμένη,
qui est dite antécédente et intermédiaire (*antecedens*

---

1. « Efficiens maxime meretur nomen causæ. Ideoque effectum et
causa censentur relata, quamvis effectum sit terminus vel correlatum
efficientis tantum, si vocabuli etymologiam intueamur », p. 120.

2. « Sed ea est definitio efficientis per Physicam mutationem, non
autem efficientis in genere : non enim omnis efficiens efficit per
mutationem subjecti », p. 120.

et intermedia), et qui, le plus souvent, est cachée ; 3° enfin une cause ἐπόγενος συνεπτικὴ, qui est appelée prochaine
et immédiate (*proxima et continens*). Par exemple : la
cause évidente et externe de la fièvre est le froid, le
vent, un bain intempestif ; la cause intermédiaire, c'est
la constriction de la peau (*cutis constrictio*) : la cause
immédiate et prochaine, c'est de l'humeur en putré-
faction dans le corps, ou enflammée. La cause primitive et antécédente peut être posée, sans que l'effet
suive nécessairement, mais que la cause immédiate et
prochaine se produise et l'effet suivra nécessairement,
comme avec sa disparition, il disparaîtra[1]. » Si incom-
plète que soit encore une telle analyse de la causalité,
ne manifeste t-elle pas, cependant, chez Duncan, une véritable réflexion sur les conditions du savoir, qui vient
précisément de ce qu'il pratiquait la science? Son enseignement ne pouvait qu'en être fécondé.

A l'étude du thème simple succède celle du thème
complexe (*enunciatio*)[2], ou jugement. Duncan critique,
dès le début, la définition qu'en donne Aristote (*de
Interp.* 4), à savoir : un discours indicateur du vrai et
du faux (*oratio veri aut falsi significatrix*). Si, en effet,
on veut être exact et précis, dit-il, le discours n'est pas
un genre comprenant le jugement, puisqu'il peut y
avoir jugement dans notre pensée, sans qu'une expression vocale le manifeste (p. 158). Il veut que ce qui
caractérise le thème complexe ce soit la vérité ou la
fausseté qui l'affectent; et vérité ne signifie pas pour
lui le plus ou moins d'existence, ce qui est la vérité
ou la fausseté des choses, d'après la définition même

1. P. 122.
2. De Themate complexo, sine de Enunciatione.

d'Aristote, mais la plus ou moins exacte conformité de la pensée avec la réalité. Aussi, sépare-t-il du faux le mensonge qui est un désaccord entre les pensées intimes et les paroles. Il distingue, ensuite, les propositions en simples ou complexes, les simples pouvant être pures ou modales, les complexes, copulatives, conditionnelles, ou disjonctives ; puis il les étudie au point de vue de la quantité, de la qualité, de la vérité, de la fausseté, notant textuellement, d'après Aristote, leurs différents degrés de nécessité ou de contingence. Les rapports d'équipollence, de subalternité, de conversion des propositions l'arrêtent relativement peu, surtout les premiers. « La plupart des règles qu'en ont données les scholastiques sont superflues, dit-il, pour quiconque a suffisamment étudié la grammaire [1]. »

Duncan passe, ensuite, à la seconde partie de la logique qui s'occupe des instruments que doit employer toute connaissance qui veut être scientifique. Il fait remarquer, d'abord, que, d'après tous les auteurs, ces instruments sont au nombre de trois : la définition, la division et l'argumentation. Si Aristote omet d'indiquer formellement la division, c'est que, suivant lui, un tel instrument n'a de valeur qu'appuyé sur la définition et le syllogisme ; toutefois il en avait remarqué l'utilité, puisqu'il montre (*Post. Anal.*, II. 1) qu'elle joue un rôle dans la recherche de la définition. Il y a deux genres de définitions : la définition de nom et la définition de chose ; la seconde surtout est utile, car elle a pour fin de développer le contenu

1. « Multas de æquipollentia scholastici tradiderunt quæ magna parte superfluæ sunt, si modo Logicæ studiosus grammaticis copiis satis instructus accessit », p. 182.

d'une notion qui ne se présente à nous qu'enveloppée
et confuse. Elle a pour objet soit l'essence, soit l'accident. Importante dans le premier cas, elle ne l'est pas
moins dans le second, d'autant plus qu'elle comprend
alors toutes les définitions causales et que les définitions causales sont les seules définitions réelles que
l'on puisse donner de l'accident. Le mode de la définition correspond, en effet, au mode de l'existence ;
l'accident, étant par nature ce qui dépend d'autre chose,
cette dépendance, c'est-à-dire, sa relation avec sa cause,
doit entrer dans sa définition. Chose à remarquer,
Duncan indique que ce sont de telles définitions qui,
en général, sont réservées à notre connaissance. Pour
des êtres condamnés à se servir de l'intermédiaire des
sens, pénétrer par la raison au delà des accidents, dit-
il, n'est possible que rarement. Comme l'a très bien
dit, Scaliger, « nous sommes, par rapport à la réalité,
pareils au renard qui, trompé par la cigogne, ne pouvait, avec sa langue, que toucher le vase contenant la
nourriture convoitée[1]. » À en juger par les exemples
qu'il donne, il se trouvait ainsi amené à condamner les
définitions vides des scholastiques. « Il faut définir le
tonnerre, dit-il, non un son produit dans un nuage,
mais un son produit dans un nuage par une éruption
de feu : il ne faut pas définir le rire une puissance
dans l'homme pour le rire, mais une puissance dans

1. « Cæterum imperfectio definitionis alia est necessaria, alia volunta-
ria Necessaria est quam vitare non possumus. Estque vel ex parte rei,
cum nimirum id de quo agitur non est capax definitionis simpliciter
perfectæ : vel est ignorantia nostra, qui ministerio sensuum agen-
tes ultra rerum accidentia raro penetramus, et sicut vulpes clusa a
ciconia lambimus vitreum vas, pultem haud attingimus, ut pulcher-
rime ait Jul. Scaliger excercit 307 », p. 201.

l'homme pour le rire, provenant de ce qu'il a une âme raisonnable (p. 201). »

Dans son étude de la division, il insiste longuement sur l'importance de cette opération. Grâce à elle, d'abord, ainsi que l'a remarqué Aristote, nous pouvons avoir des définitions parfaites, puisque c'est elle qui nous assure qu'aucune des parties essentielles n'a été omise et que ces parties ont bien reçu leur ordre naturel. Et elle est indispensable à la constitution de toute science et de tout art : « quiconque, en effet, veut enseigner de vive voix ou par écrit un art ou une science, doit se proposer et suivre une division aussi parfaite que possible de son sujet, et une division parfaite est celle dans laquelle toutes les parties sont énumérées par ordre. Dans la constitution même de la science, la division tient une place importante, puisque c'est elle seule qui permet d'épuiser une matière et de saisir l'enchaînement des parties. L'ordre est certainement l'âme de toute science et de tout art et le lien qui réunit comme les anneaux d'une chaîne, préceptes, théorèmes et discussions... A mon avis, l'homme doit être appelé un microcosme, non seulement parce que, ainsi que l'a dit Aristote (*de An.* 3), en pénétrant tout par son intelligence, il devient tout, mais aussi parce que, ainsi qu'Aristote l'a encore remarqué (*probl.* 38), en tout ordonnant, il devient lui-même un κόσμος; » (p. 219). Le premier des rôles de la division ressort de lui-même, puisque son objet est de faire un dénombrement de parties, puisqu'elle correspond à la question *quot sunt vel quotuplex.* Quant au second, il devient manifeste si l'on remarque que, dans toute science et tout art, le plus universel doit toujours précéder le

moins universel, et, qu'ensuite, quand une telle subor-
dination n'apparaît pas, c'est l'ordre même de la nature, dans la mesure où notre connaissance nous le
révèle, qui doit être suivi. Sans doute, parfois, un tel
ordre peut, par commodité, être abandonné, mais ce
ne doit jamais être que momentanément ; il y a là
« une voie royale dans laquelle il faut le plus tôt possible revenir [1]. » Comme dans la nature on peut distinguer un ordre de génération et un ordre d'organisation, il vient qu'il y a deux méthodes d'exposition
scientifique : l'une synthétique, l'autre analytique, l'une,
qui va du simple au composé, de la cause efficiente à
ses effets ; l'autre, qui va du composé au simple, de
la fin aux moyens.

Définition et division donnent la connaissance du
thème simple, c'est le syllogisme qui donne la connaissance du thème complexe. Dans l'étude du syllogisme
Duncan se borne, il l'annonce, dès le début, à résumer
les différents livres d'Aristote sur ce sujet. Mais cette
étude, il la complète par une seconde, moins directement inspirée du grand philosophe, puisqu'il croit
devoir donner l'assurance à un certain moment qu'il
garde toute son indépendance de penseur libre [2], et

1. « Nulla disciplina naturæ ordinem tota invertit : sed in parte aliqua disciplinæ propter faciliorem cognitionis adeptionem ab eo
divertitur, ita tamen ut in regiam viam quamprimum revertendum
sit », p. 221.

2. « Quare nos primum de scientia et syllogismo didascalico, deinde
de opinione et syllogismo dialectico præcipiemus : non quod nefarium
scelus esse putemus ab ordine quem Aristoteles sequutus est discedere
(rerum enim scientiam multis, libere autem philosophandi laudem
nemini cedimus) sed quia in explicatione finium a postremo et præs-
tantissimo ordiendum est », p. 283.

qui porte sur les effets du syllogisme. Il distingue,
d'abord, deux éléments dans le jugement : la simple
aperception et l'affirmation ou croyance [1], et il remarque que toute tentative pour établir la vérité d'une
proposition suppose une connaissance partielle et supposée de la vérité [2]. La fin générale du syllogisme n'est
pas autre que la transformation de cette connaissance
partielle et supposée de la vérité en connaissance complète et définitive, la substitution de la foi à la repré-
sentation, et, comme l'erreur ne peut être une fin, n'est
pas autre que l'établissement de la science. Dans un
sens général et impropre, le mot science désigne, sans
doute, toute connaissance de la vérité, mais, dans son
sens strict et précis, il ne désigne qu'une connaissance
sûre et infaillible. Une telle connaissance, les sens
peuvent la fournir : je sais ce que je vois ; mais elle
ne porte alors que sur le particulier, seul objet des
sens. Si l'on veut atteindre l'universel, il faut s'adresser soit à la raison (νοῦς *id est intelligentia*) qui le saisit par intuition, soit au syllogisme. Le premier procédé nous met en possession des vérités claires et évi-
dentes par elles-mêmes [3], le second nous fournit les

---

1. « Thematis complexi, sine enunciationis notitia duplex est : una
apprehensiva, qua intelligimus τι τὸ λεγόμενον, id est quid sit id quod
enunciatur : altera *Judicativa*, qua judicamus eam veram esse aut
falsam, sive qua annuimus et assentimus, aut abnuimus et dissenti-
mus. Actus apprehendendi enunciationem Averroi appellatur forma-
tio : judicium quo eam amplectimur et assensu nostro dignamur, *fides*
dicitur », p. 282.

2. « Thema syllogismo tractandum partim notum, partim ignotum
est : non enim potest tractari nisi mente praeconceptum sit et forma-
tum ; sed fides, si requiritur, per syllogismum facienda est », p. 282.

3. Par exemple : « Quid sit totum, et quid pars, quid sit Deus, et
quid colendum », p. 281.

vérités qui, pour se manifester, ont besoin d'une lumière
étrangère (*cum propositiones egent aliena luce ut cons·
piciantur*). Dans ce dernier cas, il faut distinguer le
syllogisme qui donne simplement l'existence (τό ἔτι) et
celui qui donne le pourquoi (τό διοτι). Par le second
seul on a une connaissance complète, puisque savoir
le pourquoi d'une chose implique et entraîne la connaissance de son existence et que l'inverse n'est pas
vrai. Ce pourquoi, c'est le moyen qui le donne et, pour
cela, il doit remplir deux conditions : il faut d'abord
qu'il soit la cause du fait à expliquer (*sit causa quæ-
siti*) ; il faut de plus qu'il soit la cause déterminante
de ce fait (*causa propter quam res est*), c'est-à-dire, une
cause prochaine, adéquate, réciproque, une cause dont
l'apparition ou la disparition entraînent l'apparition
ou la disparition de son effet (*quâ posita res ponitur,
et quâ sublata aufertur*). Aussi, comme une chose peut
avoir plusieurs causes : les unes éloignées, les autres
prochaines, les unes réciproques, les autres non réciproques, un choix est à faire si nous voulons véritablement connaître son pourquoi. D'un autre côté, si, dans
la science l'on considère le sujet connaissant, il faut
encore que celui-ci ait conscience qu'il est bien en
possession de la cause cherchée ; une science qui
s'ignore n'est pas une science. Enfin, il faut qu'il ait
la persuasion qu'il n'est pas possible que la chose soit
autrement (*rem illam non posse aliter se habere*), c'est-
à-dire, qu'elle est liée à une cause nécessaire, dont
l'apparition ou la disparition entraîne son apparition
ou disparition. Alors seulement son esprit aura cette
certitude inflexible et immuable qui, d'après Aristote
(.)*Post. An.* 1, 2), est l'état vrai du savant (p. 286, 287

Passant à une étude spéciale des conditions propres de la démonstration du pourquoi, Duncan montre qu'il y en a qui se rapportent à la question à démontrer, d'autres aux principes de la démonstration. Il faut, d'abord, que celle-ci porte sur un objet réel, car, comme l'a dit Aristote, ce qui n'est pas ne peut être connu, et il faut, ensuite, que la proposition que l'on veut établir possède une cause certaine de sa vérité, c'est-à-dire, il faut qu'il y ait un moyen terme cause unique et invariable de la connexion des extrêmes, à savoir de la question posée avec sa solution. Il vient qu'il y a deux genres de propositions vraies qui ne peuvent être l'objet d'une telle démonstration du pourquoi : celles dont la vérité dépend tantôt d'une cause, tantôt d'une autre, ou même n'a pas de cause, si ce n'est pas accident ; et toutes les propositions immédiates qui sont vraies par elles-mêmes. Il y a, par contre, deux genres de recherches auxquelles cette démonstration convient : ce sont : la détermination des accidents propres, et celle des accidents communs, qui se présentent comme ayant une cause certaine et immuable de leur inhérence à un certain sujet. « Il ne faut pas croire ces interprètes d'Aristote qui prétendent exclure d'une telle démonstration ce second genre de recherches (p. 290). » C'est d'abord mal connaître Aristote qui, en plusieurs passages, affirme qu'il y a une démonstration possible de ce qui se produit souvent (*eorum quæ sæpe fiunt*), tels l'éclipse et le tonnerre. Bien plus y aurait-il silence d'Aristote sur ce sujet, qu'il faut accepter ce que les faits crient (*quin etiam Aristotele tacente res ipsa clamat*). Celui qui sait que la cause déterminante d'une chose (*propter quam res est*) en

est bien la cause réelle, celle à laquelle sa production
est nécessairement liée, en ce sens que l'apparition
ou la disparition de l'une entraînent l'apparition ou
la disparition de l'autre, n'a-t-il pas la connaissance de
son pourquoi? Or, la plupart des accidents, même sépa-
rables, sont liés à leurs sujets par une cause dont la
présence ou l'absence pose ou supprime leur propre
existence. Donc ils peuvent être l'objet d'une telle
connaissance, qu'ils soient ou non nécessaires; il suffit qu'ils soient liés nécessairement dans leur apparition à une cause unique. Par exemple, c'est un accident
pour la lune que de subir une éclipse, mais un tel accident n'en a pas moins une cause réelle dans l'inter-
position de la terre entre le soleil et la lune, cause
qui en donne le pourquoi. La conclusion de la démonstration du τε διοτί a une valeur éternelle, est vraie, non
pas prise en elle-même, mais considérée dans son rapport avec la cause supposée qui la fonde [1].

Mais de telles conditions, qui ne se rapportent qu'à
la matière de la démonstration du pourquoi, ne suffisent
pas ; il faut encore que celle-ci, prise en elle-même,
soit rigoureuse. Pour cela, il faut que la vérité des
propositions sur lesquelles elle s'appuie, soit manifeste ; sinon ces propositions auront besoin elles-mêmes
d'être démontrées et la certitude n'existera jamais.
Ces propositions seront soit des axiomes, c'est-à-dire,
des vérités communes à toute recherche et que tout

1. « Conclusio igitur demonstrationis τοῦ διοτι debet esse æterna,
id est semper vera, non quidem simpliciter, quasi attributum quod
demonstratur non possit unquam a subjecto abesse : sed ex hypo-
thesi causæ per quam demonstratur, quia abesse non potest a subjecto, dum adsit causa illa per quam demonstratur », p. 291.

homme possède [1], soit des définitions ou des hypo-
thèses, c'est-à-dire, des vérités spéciales à certaines
recherches et qu'on peut par suite ignorer [2]. Duncan
ne veut pas que les vérités communes, malgré leur
nécessité, soient innées à l'esprit; il soutient avec Aristote qu'elles dérivent de l'expérience, qu'elles sont le
produit de l'induction. L'intelligence intervient seulement pour, en pensant ces vérités, dégager cette
nécessité qui leur est essentielle [3]. De même que
c'est l'œil qui voit la lumière, de même c'est l'esprit
qui, par une puissance qui lui est propre (insita δυνάμει)
saisit la nécessité des rapports. On pourra demander
encore aux propositions qui servent de principes à la
démonstration, qu'elles soient, par nature, antérieu-
res à la conclusion, qu'elles soient plus claires et dis-

1. « Exempla axiomatum hæc sint: Nihil potest simul esse et non
esse ; omne totum est majus sua parte; quod est majus majori est
majus minori; quæ sunt æqualia eidem tertio inter se quoque æqualia sunt », p. 296.

2. « Exempla hypothesium ex qualibet disciplina depromere facile
est : In arithmetica hypothesis est *unitatem esse*, in geometria inter
quælibet duo puncta posse duci rectam lineam : in physica, esse
corpus naturale et esse motum; in Theologia, Deum esse etc. », p. 296

3. Duncan s'oppose ici à Mélanchton suivant lequel « l'homme porte
en lui un *lumen naturale*, des principes innés qui lui apprennent les
grandes vérités de l'ordre spéculatif et moral. Si les sensations sont
les pourvoyeuses nécessaires de nos connaissances certaines, elles ne
font que stimuler l'activité du *lumen naturale* et réveiller des représentations assoupies. La certitude de ces vérités primitives est immédiate, elles reposent sur la conscience subjective : non seulement les
principes des mathématiques et de la physique, mais encore l'existence de Dieu, l'immortalité de l'âme, la moralité, l'ordre social, la
liberté humaine sont des principes innés » de Wulf, *Histoire de la
philosophie médiévale*, 2ᵉ éd., 1905, Alcan, cf. Dilthey, Melanchton,
und die erste Ausbildung des Naturlichen systems in Deutschland in
Arch. f. Gesch. d. Phil. VI, p. 225.

tinctes, qu'elles soient enfin la raison de sa vérité.

Vient ensuite la démonstration du τό ἔτι. Duncan en distingue une « ostensive » (*ostensiva*), à propos de laquelle il renvoie à Aristote (*An. post.* I, 95.103), et qui, telle qu'il la donne, apparaît comme une véritable ébauche de la méthode expérimentale actuelle. La vue d'un effet sensible peut suggérer l'idée de sa cause. Notre intelligence établit aussitôt une comparaison entre cette cause supposée et l'effet perçu; d'elle-même et directement, elle saisit dans cette cause la cause adéquate, réciproque et prochaine de l'effet donné et il ne lui reste plus qu'à descendre de la cause à l'effet par une démonstration du το διότι [1]. Les yeux, par exemple, nous montrent la lune s'éclairent peu à peu, de simple croissant devenant un cercle lumineux. Des esprits pénétrants remarquèrent que de telles variations ne pouvaient s'expliquer en réduisant la lune à une surface plane et ils la transformèrent par la pensée en une sphère. Ils instituèrent une comparaison entre une telle conception de la lune et les apparences qu'elle présente et, bientôt, ils aperçurent que cette hypothèse seule rendait compte des faits. Prenant, alors, pour principe leur point d'arrivée, ils établirent la démonstration suivante du τό διότι, qui est décisive: La surface d'un corps sphérique éclairée par un autre corps autour duquel il est emporté, et dont il s'éloigne peu à peu, quitte progressivement

---

1. « Post quam autem hac ratione exploratum est τό ἔτιcausæ, quam adhuc causam esse ignoramus, subit diligens et accurata ejus cum effecto comparatio, qua fit ut mens propriâ vi, et sine medio assumpto, agnoscat causam esse illius effecti causam adæquatam, reciprocam et proximam : unde demum revertimur ad effectum per demonstratio- nem τοῦ διότι », p. 305.

l'aspect d'un simple croissant pour prendre celui d'un cercle. Or, la lune est un tel corps : Donc... (p. 303). Quand la cause prochaine nous échappe, nous pouvons établir une démonstration du τό ὅτι par la cause éloignée ; mais cette dernière démonstration ne peut, comme la précédente, être transformée en une démonstration du τὸ διότι. La démonstration par l'absurde a l'avantage de s'appliquer aussi bien aux propositions médiates qu'aux propositions immédiates. Aristote en donne beaucoup d'exemples.

· Duncan passe ensuite à l'étude du syllogisme dialectique qui n'a d'importance pour lui que dans la discussion et il termine par une exposition des différents sophismes.

· De ce résumé, ou plutôt, de ces quelques vues que nous venons de donner des conceptions logiques de Duncan, il nous semble ressortir que, si ce n'était pas encore un esprit qui s'était affranchi du joug des méthodes anciennes, il y avait, cependant, chez lui une certaine réflexion personnelle, qui, fécondée par la pratique scientifique et l'étude, le conduisait à un réel sentiment de ce que pouvait être une connaissance rigoureuse et exacte des choses. On ne peut refuser que la détermination précise de la cause prochaine, sur laquelle il revient à chaque occasion, sa tendance à considérer surtout la cause efficiente et à réduire celle-ci dans la recherche scientifique à la condition nécessaire, sa conception de la démonstration du τo ὅτι ne dénotent comme un instinct de ce que pouvait et devait être la méthode de la science. Sans doute, on ne trouve rien chez lui de ce qui caractérise les grands législateurs de la pensée moderne. Il reste attaché à

Aristote, qu'il veut plutôt perfectionner que combattre, et il ne songe pas, comme un Bacon ou un Descartes, à construire et à proposer une méthode nouvelle. Il n'a aucune idée, comme l'auteur du *Discours de la Méthode*, de la puissance et de l'extension possible à la nature de la méthode mathématique, et, s'il se rapproche davantage, en un sens, de son compatriote Bacon, il n'introduit pas dans ses considérations, qui ne sont souvent qu'indiquées, mais que les explications orales du professeur venaient probablement féconder et enrichir [1], cette systématisation et cette décision qui permettront à ce dernier de se transformer en un héraut de la science. Mais il ne faut pas oublier que ses projets étaient plus modestes : c'était un manuel classique qu'il offrait. Ce qu'il se proposait, c'était, avant tout, supprimant toutes les discussions épineuses et stériles, de donner un enseignement réellement utile. On ne peut nier que ce dessein, il ne l'ait réalisé, autant que le milieu et les circonstances le lui permettaient. Bien plus, on doit même reconnaître que les indications d'une méthode scientifique qu'il apportait, correspondaient chez lui à une conception bien arrêtée, puisqu'il eut l'occasion d'en faire usage. Amené, en effet, à étudier le cas des Possédées de Loudun, il sut ramener à des causes naturelles ce que, inconsidérément, on rapportait à des causes surnaturelles; il y vit avec son confrère catholique Laubardemont une simple conséquence d'un état physiologique spécial, qu'on appelait en ce temps mélancolie et qui n'est que l'hystérie actuelle; et il exposa et défendit son inter-

---

1. Dans l'édition de 1655 on trouve intercalées dans le livre un certain nombre de pages laissées en blanc.

prétation dans un écrit qui fut remarqué. Il était réellement dans le sens du développement scientifique qui
se produisait. Si, à en juger par quelques indications
de son livre, il adoptait toujours la physique ancienne,
il avait le sentiment de la méthode qui devait en
édifier une nouvelle.

Voir sur lui une action possible de Bacon est bien
difficile. Son traité est de 1612 et le *Novum organum*
est de 1620. Sans doute, dès 1607, Bacon publiait une
première esquisse de son grand ouvrage (*Cogitata et
visa*), mais ce n'était qu'une esquisse, et la renommée
de Bacon, à cette époque, n'était pas telle dans son pays
qu'elle pût franchir les mers. Il est beaucoup plus probable que Duncan utilisa la tendance libérale en philosophie que la lutte de E. Digby et de W. Temple venait
de créer en Angleterre [1]. C'était un scholastique à
l'esprit ouvert qui se modernisait.

D'ailleurs, la situation philosophique de Duncan se
trouve indirectement mais nettement établie par un
de ses amis et disciples, François de Burgersdick [2].
Celui-ci, de 1614 à octobre 1619, avait été professeur à
l'Académie de Saumur. A cette dernière date, il était
retourné dans son pays, et, après avoir été un an habi-
tué à l'Académie de Leyde, il y avait été promu à la

---

1. Cf. Hœffding. *Histoire de la philosophie moderne*. Trad. française. 1906, I, p. 195.

2. Né à Liers, près de Delft, en 1590, mort en 1629. Outre ses *Institutiones logicæ*, il donna d'autres livres classiques, notamment : *Idea
philosophiæ moralis*. Sa logique eut, semble-t-il, un réel succès. Le
Conseil académique de Leyde l'approuva, et Petrus Cunœus, Daniel
Heinsius et Gerardus Joannès Vossius lui adressèrent des vers louan-
geurs. Ces vers se trouvent reproduits dans le livre même, aussitôt
après la préface.

chaire de logique. Peu d'années après (1626), il publiait
un *Traité de Logique* [1] qu'il déclarait inspiré de celui
de son ami et ancien collègue « l'illustre Duncan [1] », et
qui est, en effet, conçu dans un esprit analogue. Or,
dans sa préface, il indique d'une façon très nette la position qu'il prend, et, par suite, celle qu'occupait Duncan.
Il distingue les logiciens antérieurs en trois classes :
1° les admirateurs et disciples étroits d'Aristote : les
Hunœus, Crellius, Bertius, Molinœus; 2° les ennemis de
la scholastique et d'Aristote : Pierre Ramus et ceux qui
l'ont précédé : les Laurent Valla, Agricola, et Louis Vivès;
3° ceux qui ont essayé une conciliation de ces deux écoles
opposées, dont le plus célèbre est Kekermann. Il reproche aux représentants des deux premières écoles leur
insuffisance. Les traités d'Aristote ne contiennent pas
toute la logique et ils sont abrupts [2]; d'un autre côté, un
simple ensemble de préceptes pratiques ne saurait suf-
fire : « Il ne faut pas, en voulant éviter Charybde, tomber
en Scylla [4].» Les uns et les autres doivent être complé-
tés, et c'est ce que Kekermann a très bien vu. Seulement son œuvre présente encore bien des lacunes et
des imperfections. Par exemple, en se représentant

---

1. Ce livre lui fut demandé par les États de Hollande qui voulaient
que les mêmes auteurs fussent suivis dans toutes leurs écoles. Voir
dédicace et préface du livre.

2. « Methodum petii ex ipsa Artis natura. In quo tamen ex parte
secutus sum institutum clarissimi viri Marci Duncani, in Academia
Salmuriensi professoris Philosophiæ præstantissimi, et olim collegæ
mei conjunctissimi, cujus Institutiones logicæ non pœnitendum auxilium mihi tulerunt, in meis Institutionibus apte ordinandis. » Préface aux lecteurs.

3. Duncan fait la même remarque dans une note finale de son livre.

4. «Dum Ramus brevis esse laborat, non fit, quidem obscurus, sed
inutilis, quod obscuritate deterius est. » Préface du livre.

mal le rôle des caractères des thèmes simples (*affectiones simplicium thematum*) [1] dans la constitution de
la connaissance, il a été amené à négliger la définition et la division, qui sont, cependant, de véritables
instruments du savoir, au même titre que le syllogisme
et la méthode. Par elles, en effet, nous obtenons la
connaissance claire et distincte des objets simples qui
a son importance, et les affections des caractères simples ne jouent à cet égard qu'un rôle indirect et préparatoire. Il était donc possible, dans le sens même
de Kekermann, de faire mieux que lui. C'est ce que
Burgersdick a essayé et il indique, en quelques lignes,
comment il a procédé : « J'ai puisé, dit-il, les préceptes autant que possible dans Aristote et les ai reproduits dans les mêmes termes. J'ai consulté, non seule-

1. Ce sont les prédicables (Genus, species, differentia), puis Totum
et pars, Causa et Causatum, subjectum et adjunctum. « Licet Keker-
mannus egregiam operam navaverit in colligendis ac digerendis affectionibus simplicium thematum, easque animadverterit non eo solum
fine considerandas esse in Logica, ut sint media syllogismorum,
sicuti factum erat a Ramo sed etiam propter alios usus, eos tamen
non satis accurate tradidit. Ait notiones sive affectiones thematum
simplicium, inservire dirigendæ primæ mentis operationi, quæ est
nuda rerum apprehensio sine affirmatione aut negatione ; quod quidem verissimum est : sed dum explicat, quomodo prima mentis operatio hisce notionibus dirigatur, in eo decipitur. Res ita se habet meo
quidem arbitratu. Cum meus nostra duobus potissimum modis in rerum
simplicium apprehensione possit aberrare, nempe, ut aut non asse-
quatur rei essentiam, sed externas tantum rei notas ; aut ut eam confuse concipiat, et veluti totum, quod debet concipi distincte ac per
partes, duo etiam remedia debuit Logica, quæ est ars mentem dirigendi,
his duobus veluti morbis opponere, Definitionem et Divisionem.
Nam cæteræ notiones logicæ non aliter dirigunt primam illam mentis operationem, quam quatenus ad hæc duo instrumenta revocari possunt, tanquam materia, ex qua ea conficiuntur. » Burgersdick, on le
voit, comme Duncan, avait le sentiment de l'analyse, de la recherche
des essences.

ment l'*Organon*, mais tous les autres livres du philosophe
où il est question de logique. Bien plus, afin d'habi-
tuer les jeunes gens au grec et les préparer à la lecture d'Aristote, j'ai donné les définitions et fait certaines citations en grec. Mais je n'ai pas craint, pour être
complet, d'avoir recours aux principaux logiciens et
d'ajouter mes propres méditations. De plus, j'ai visé
à la plus grande clarté possible... » Duncan, on l'a vu,
avait précisément procédé de cette façon. A supposer
qu'il soit moins didactique que son ami, il garde sur
lui cette supériorité, que donne à un homme qui enseigne une méthode le fait d'avoir eu l'occasion d'en faire
usage : ses leçons étaient à la fois plus pratiques et
plus conformes aux exigences de la connaissance, on
pourrait même dire, de la recherche scientifique. Tous
deux n'en représentaient pas moins une direction nouvelle dans la scholastique de l'époque. Sans négliger
l'antiquité, ils se rendaient compte des exigences de
la connaissance vraie de la nature, et, si on remarque
que le livre de Burgersdick fut imposé aux écoles de
Hollande, il se trouve que ce fut cette logique scholastique qu'étudièrent un Clauberg, un Geulinex et un
Spinoza [1].

1. Cf. Couchoud : *Spinosa*, p. 15, note 1 et p. 299. Collection des
Grands philosophes. Alcan.

CHAPITRE III

DE DUNCAN A CHOUET

L'enseignement philosophique à l'Académie de Saumur, ayant pour inspirateur un homme de la valeur de Duncan, aurait pu suivre un développement original et prendre une réelle importance. Mais des obstacles se présentèrent qui en comprimèrent l'essor et arrêtèrent l'épanouissement. Les intrigues des protestants sous le règne de Louis XIII avaient mécontenté ce roi[1]. Dès 1620, Duplessis-Mornay, qui était dépassé et dont les efforts de conciliation n'auraient pu aboutir, devait quitter Saumur et céder la place à un autre gouverneur. En même temps, les deniers d'octroi, qui constituaient la principale ressource des Académies protestantes, leur étaient supprimés, et celles-ci étaient condamnées à une existence précaire. Leur prospérité se trouvait atteinte. Les professeurs n'étaient plus payés, et certains d'entre eux, à Saumur, se virent obligés d'abandonner leurs places[2]. Dès 1621, Schewer, qui avait remplacé Burgersdick, rentrait en Écosse. Son

---

1. D'après le journal de Jehan Louvet (*Revue d'Anjou*, 1855, p. 156). Beaucoup de catholiques auraient quitté Saumur à cette époque « pour évitter la tyrannie et cruaultez que les huguenots font aulx catholiques ».

2. Duncan quitte tout enseignement régulier de la philosophie en 1626, cf. *Registre*, 7 janvier 1626. « M. Duncan désire se décharger de

compatriote Mouthet, qui enseignait également la philosophie, quitte, lui aussi, l'Académie, et la raison officielle de son départ est son mécontentement de ne recevoir aucun traitement. Leurs successeurs ne sont plus recrutés au concours. Ce sont de simples étudiants en théologie, auxquels on a reconnu quelques aptitudes, qu'on délègue provisoirement, d'abord, dans ces fonctions, et que l'on titularise ensuite sur le simple examen des soutenances publiques de leurs élèves. Ce fut le cas de des Loges, Fontrant, de Lonchamps et Jehan Druet [1]. Les deux premiers, même au bout de peu de temps (2 août 1628, 15 novembre 1628), quittaient une situation, qui pourtant aurait dû les flatter, pour remplir les fonctions aux revenus moins aléatoires de pasteurs. Une diminution se produisit aussitôt, semble-t-il, dans la valeur de l'enseignement de la philosophie. Dès 1627, à cause sans doute de l'insuffisance des professeurs, les députés du conseil académique au synode de Baugé devront proposer « s'il luy plaît au synode que des gens capables de le faire, soyent priés d'écrire ou des componds ou des cours entiers de philosophie pour être imprimés et leus par toutes les académies de France, ou a tout le moins pour l'usage ordinaire de l'Académie [2]. » En 1629, une telle demande sera réitérée. Duncan devait, sans doute, être peu satisfait de

la profession de philosophie laquelle demande plus de temps et loisir qu'il ne sauroit et désire y en emploier, et pour ce remet dès à présent la ditte profession entre les mains du Conseil de cette Académie pour y pourvoir selon sa prudence, promettant de continuer en la charge de principal comme par cy-devant » ; il ne fit plus que quelques courtes suppléances.

1. Cf. *Registre*, 18 juin 1627, septembre 1630.
2. Cf. *Registre*, 19 mai 1627.

ses collaborateurs. En 1629, sont décidées « des remontrances aux étudiants en philosophie de... et de leur peu d'assiduité aux leçons[1]. » Le conseil académique transmettait vainement ses doléances à différents synodes, insistant sur la situation précaire d'un établissement à la prospérité duquel était liée celle de la religion. Le synode d'Alais, en 1620, s'était contenté de fixer les traitements et de donner une provision[2]. Ce ne fut qu'au synode de Charenton, en 1631, que des ressources précises furent désignées provisoirement pour l'entretien des Académies. On lit en effet dans d'*Huisseau* (p. 51): « Au synode de Charenton, 1631, sur ce que les deniers d'octroy avoient cessé et que les académies et collèges en ressentoient du détriment : *Pour empescher qu'elles ne tombassent dans une totale ruine à cette occasion. La compagnie en attendant que les églises puissent recueillir les fruits accoustumés de la libéralité du Roy, a arresté que le quint des aumosnes receües en toutes les églises estant mis à part, certaine somme sera extraite et employée à l'entretien des académies et collèges par forme d'avance et de prest seulement, jusques à ce que les deniers de l'octroy de Sa Majesté estans receus, le remplacement entier s'en puisse faire au soulagement des pauvres sur lesquels l'emprunt aura esté fait*[1]. » Enfin l'indolence des fidèles

1. Cf. *Registre*, 5 août 1629.
2. Cf. *La Discipline des Églises réformées de France...* Nouvelle édition revue et beaucoup amplifiée par d'Huisseau, ministre à Saumur. Genève et Saumur, 1666, p. 50. Le total des contributions s'élevait à 13.900 livres 13 s. Sur cette somme :

4.120 livres étaient destinées		à l'Académie de Saumur.
3.000	—	à celle de Montauban.
1.800	—	à celle de Nismes.
981	—	à celle de Die.

dans le payement de tels subsides restant grande, le
synode d'Alençon, les transforma en contributions
régulières : il exhortait « *toutes les églises, seigneurs,
gentilshommes particuliers... de consacrer à Sa Majesté
Divine, chacun selon ses facultés, leurs offrandes volon-
taires et esgaller entre eux. les charges nécessaires à la
subsistance des académies et collèges... Enjoint à tous
les synodes provinciaux, colloques et consistoires de
prendre en eux-mesmes les expédiens propres pour par-
fournir les sommes auxquelles ils ont été respectivement
cottisés, se rendre solliciteurs du payement actuel d'icel-
les et tenir la main à ce que les professeurs et régens
qui servent ez dittes académies et collèges puissent toucher d'an en an les appointemens qui leur sont assignés
pour servir leur vocation avec courage* [1]. »*

L'Académie de Saumur recevait dans son entier la contribution des
provinces d'Anjou, Bretagne, Ile-de-France et Poitou : plus 575 livres
sur celle de Saintonge. Cette part fut élevée, en 1637, au synode
d'Alençon à 4.130 livres. A cette même date la dépense pour le personnel de cette Académie était répartie de la manière suivante :

Deux professeurs en théologie. . . . ⎫	
Un professeur d'hébreu . . . . . . ⎬ 2.600 livres.	
Deux professeurs en philosophie. . . ⎭	
Le principal du collège.	100 —
Le premier régent	400 —
Le deuxième régent	300 —
Le troisième régent	250 —
Le quatrième régent	210 —
Celui qui fait la 5ᵉ et la 6ᵉ.	210 —
Le portier et le bedeau.	60 —

D'après le papier de recepte... de l'Académie (Bibliothèque de Saumur).— Il faut ajouter, d'après le rapport de Charles Colbert sur l'Anjou,
1861 (*Archives de l'Anjou* publiées par Marchegay), 300 livres tirées
des élèves. La contribution royale, d'après le même rapport, était de
4.500 livres au moment où elle fut supprimée.

1. D'Huisseau, *op. cit.*

Avec les subsides revinrent les professeurs. Dès 1634, ce n'était qu'à la suite d'un long et sérieux concours qu'Hugues occupait la chaire de philosophie laissée vacante par le départ de Forent [1]. En même

1. « MM. Hugues et de Limbourg s'estant présentés au jour qui avait esté assigné par les Conseils précédents pour demander en commun la profession de philosophie vacante par la volontaire démission de M. Forent, la Compagnie les y a admis après avoir vu et ouï leurs témoignages, et pour procéder à leur examen a jugé expédient de prendre d'eux quelques épreuves particulières avant leurs leçons publiques. Et de suitte leur a donné texte du 2e chapitre des Éthiques, le 20e jour du passé à 7 heures du soir, qu'ils ont rendu le 22e en suivant à 7 heures du matin. Un autre du dernier chapitre, du 1er livre des mesmes Éthiques qu'ils ont rendu le 23e à 4 heures du soir. En suitte de quoy leur a été donné texte du dernier chapitre du dernier des *Poster. Analytiques* d'Aristote pour le traitter au Temple en leçons publiques, le vendredi 25e du passé. Ce qu'ils ont fait. Et encore un autre du 5e chapitre, du 2e livre de *Anima* le dimanche à 11 heures, qu'ils ont rendu le lendemain à 3 heures après midi. Et pour ce que la Compagnie vouloit encore estre plus particulièrement informée de leur suffisance a esté jugé à propos de leur donner un texte du 1er livre des Physiques, chapitre pour lequel traitter ils n'eussent que quatre heures de préparation, et sans aide d'aucun livre que du texte d'Aristote seulement. Ce qui a esté exécuté le mercredi en suivant, puis ont été ouy en disputes publiques au temple sur thèses imprimées prises de toutes les parties de la philosophie et composées par eux. M. Hugues, le jeudi 7e du courant, huit heures au matin et trois heures à la presdinée et M. de Limbourg le lendemain à heures pareilles, et sur lesquelles thèses ils ont respectivement opposé l'un contre l'autre, en tous lesquels exercices ayant esté écoutés très attentivement. La Compagnie assemblée expressément pour cet effet le mercredi 13e au temple et composée de tous ceux qui constituent le Conseil ordinaire et de tous ceux de l'extraordinaire qui pour lors estoient au pays; après une très exacte récapitulation de tous leurs dits exercices et très sincère considération des qualités naturelles et acquises des deux contendants, comme elles se pouvaient recognoistre des espreuves qu'elle en avoit prises, a esté presque unanimement d'advis que s'il n'estoit requis pour exercer la profession en philosophie que de la vivacité et subtilité d'esprit et du scavoir en philosophie sim-

temps, la réunion de trois professeurs émérites, qui devaient, en France, révolutionner le protestantisme : Amyraut, Cappel et de la Place, donnait à l'enseignement de la théologie et de l'hébreu dans l'académie, une illustration nouvelle. Toutefois, en ce qui concerne la philosophie, une certaine défiance à son égard se manifestait, qui ne pouvait que gêner sa régénération et son développement. Sans doute, on ne la négligeait pas. Au synode de Charenton (1631), il avait été décidé que la métaphysique aurait désormais sa place dans les programmes, mais c'était seulement pour préserver les intelligences d'erreurs répandues par les adversaires religieux. « Il est d'autant plus nécessaire, disait-on, de la remettre en son lustre qu'elle a été longtemps dépravée par les mauvais artifices des doctrines de l'Église romaine qui ont abusé des maximes de cette science à troubler la philosophie et y ont meslé de faux principes qu'ils s'efforcent d'establir de jour en jour au préjudice de la vérité de Dieu [1]. » La philosophie, d'une façon générale, devait

plement, M. de Limbourg y a de l'advantage et mérite en cet égard plus de recommandation. Mais néantmoins que M. Hugues ayant du scavoir suffisamment pour l'exercice de cette charge, et au reste plus de facilité de parole pour l'enseigner ce qui est absolument nécessaire en cette profession laborieuse et qui demande un très grand nombre de leçons, une doctrine plus uniforme à elle-même et à celle qui s'enseigne en cette eschole depuis son commencement, une traditive plus utile pour les escholiers et des parties dont les usages sont plus conséquents et plus nécessaires, outre quelques autres considérations prises non plus de la comparaison des concurrents, mais des circonstances de l'estat auquel cette affaire se trouvoit alors, l'utilité publique requerroit que M. Hugues fust préféré ; en rendant néantmoins à M. de Limbourg toutes sortes de bons témoignages en ce qui regarde la connoissance de la philosophie... » *Registres*, 13 septembre 1631.

1. Cf. *Registres*, 1er septembre 1631. A ce synode il est recommandé

rester dans une certaine dépendance, ne pas franchir certaines limites. Le même synode ordonnait, en effet, « que la profession de philosophie, au lieu d'entreprendre sur celle de théologie, se contienne en ses bornes sans entreprendre de questions inutiles. » La défiance alla même plus loin. Au synode d'Alençon (juin 1637), toute nouveauté, toute hardiesse sont entièrement interdites aussi bien aux professeurs de philosophie qu'à ceux de théologie. La surveillance du principal et celle du conseil académique ne sont plus jugées suffisantes, on les suspecte. Des inspections « par personnes choisies à cet effet » sont établies, et on oblige « les professeurs tant en théologie qu'en philosophie d'envoyer de six mois en six mois aux examinateurs des livres et provinces voisines de l'Académie un ou deux extraits des thèses qui auront été soutenues en public [1]. » Pour s'affranchir d'une telle sujétion, il aurait fallu, semble-t-il, des professeurs d'un talent supérieur, d'une franche indépendance d'esprit et ils tardèrent à apparaître. Seuls, à cette époque, à Saumur, les professeurs de théologie se distinguèrent et montrèrent de l'originalité. Aussi, quand Duncan mourut, en 1640, Amyraut, professeur en théologie, qui lui succéda comme principal, et qui conserva toutes les prérogatives et l'autorité de la charge, fut-il amené officiellement à constater une telle décadence de l'enseignement philosophique et à proposer des réformes.

également aux Conseils académiques « de tenir la main à ce que les premiers éléments de la logique soient enseignés ès-premières classes, afin que les escoliers sortans des collèges pussent estre préparés à de plus hautes leçons. »

1. *Id.* Extrait des actes du synode national tenu à Alençon en may et juin 1637.

On lit, en effet, dans le compte rendu d'une réunion du conseil extraordinaire du 6 novembre 1640 : « Sur la proposition du sieur Amyraut, principal, remontrance que depuis plusieurs années en ça on a esté obligé par quelques considérants de passer maîtres ès-arts quelques étudiants en philosophie qui n'avoient pas si bien fait leur devoir, ni satisfoit en leur examen suffisamment pour une telle chose ; de quoi il y auroit eu plainte qui tourne au dommage de la réputation de l'École, la compagnie, unanimement, a résolu que désormais ne seront plus passés maistres aux arts sinon ceux qui auront donné un ample contentement en leur examen tant en répondant aux arguments qui y auront été faits entre eux, par où ils donnent témoignage de leur avancement et exercitation en la dispute, comme particulièrement en montrant par les réponses aux interrogations qu'on leur fera qu'ils sauront bien exactement les trois compends de logique, d'éthique et de physique. Sur la proposition de M. de la Place, remontrant que depuis quelque temps on a discontinué l'examen des estudiants en logique, à la fin de la première année de leur cours, ce qui se pratiquoit autrefois exactement, la compagnie a ordonné que, désormais, nul ne sera admis à l'étude de physique qui n'ait été examiné en logique préalablement et que les disputes de logique qui avoient accoutumé de se faire publiquement se remettront ainsi sans faute. » Mais le relâchement était si grand que ces mesures ne purent être appliquées qu'avec peine et d'une façon bien imparfaite. Elles rencontrèrent, en effet, l'opposition décidée des élèves eux-mêmes, auxquels elles n'agréaient point. Dès l'année suivante (27 juillet 1641), l'un des

professeurs, Druet, se plaignait « de ce que la plupart
et même tous les meilleurs et plus avancés de ses auditeurs, nonobstant tout ce qu'il a pu leur remonstrer
et dire refusent de subir l'examen et soutenir des
thèses de logique auparavant les vacances prochaines. »
Cette opposition, on n'osa pas la briser, on se contenta
provisoirement de « remontrances publiques », et on
décida de faire céder le règlement lui-même [1]. En
même temps l'enseignement des professeurs s'était restreint. On proposa (20 juin 1643) « de faire imprimer les
compends de physique, éthique et métaphysique faits par
feu M. Duncan pour être expliqués par les professeurs
de philosophie comme celui de logique. » Le conseil
académique s'en référa sur ce sujet à la décision des
professeurs. L'avis de ces derniers ne fut pas favorable,

---

1. « Il a esté arresté que lundi ou mardi prochain, sera faite remontrance publique aux estudiants de logique en leur auditoire pour ce
refus qu'ils font, seront exhortés tant qu'il se pourra, mais non con-
traints ni nécessités de soutenir des thèses de logique, ainsi qu'il a
esté pratiqué cy-devant comme chose utile et profitable pour eux et
honorable à cette eschole. Et pour ce qui est de l'examen, il leur
sera dénoncé qu'ils ne seront reçus cette année pour la physique sans
avoir préalablement subi l'examen soit devant ou après les vacances.
Au reste sera au synode prochain de cette province et au synode
prochain des provinces voisines demandé advis si on devra désormais
se tenir forme et pratiquer exactement le règlement pris l'an passé
suivant les lois de n'admettre aucun à la physique qui n'ait premiè-
rement subi l'examen en logique, vu la répugnance que montrent
maintenant à cela les estudiants de logique et la résolution qu'ils
manifestent vouloir prendre de ne subir désormais le dit examen,
afin que la rigueur ou l'indulgence qui aura cy-après à être suivie
étant autorisée des compagnies supérieures, cette compagnie soit
déchargée de l'..... et blasme d'icelle » 27 juillet 1641. Le synode de
Charenton, 1644, laissera « passages des élèves dans les classes, promo-
tions à la prudence des Conseils et des recteurs. »

de tels ouvrages leur parurent trop considérables [1], et il fut arrêté (6 septembre 1644) « qu'il étoit remis à la liberté de MM. les professeurs d'enseigner comme par le passé leurs propres compends. »

Si on abandonnait les livres de Duncan, 'était aussi, semble-t-il, qu'on n'obéissait plus à son impulsion qui aurait pu être si féconde, et ce n'était pas, comme nous allons le voir, pour accepter les doctrines nouvelles qui pénétraient, cependant, de plus en plus les esprits et commençaient à bouleverser les universités hollandaises ; c'était plutôt pour revenir en arrière, pour reprendre presque une de ces directions de la scholastique que Burgersdick, à la suite de Duncan, avait critiquée et condamnée, à savoir : celle dans laquelle on se bornait à commenter Aristote et à philosopher exclusivement et étroitement à son occasion.

Il reste d'un professeur d'alors à l'Académie de Saumur, Jean Druet, des cours manuscrits [2] qui permettent de se faire une idée exacte de l'enseignement philosophique qui y était donné. Celui-ci s'était enrichi, grâce à certains décrets synodaux [3] : il comprenait

1. Dans le texte de la délibération il y a « prolixité » et on allègue « la brièveté du temps destiné à l'explication des dits compends. »

2. Bibliothèque municipale de Poitiers. En voici l'énumération :

141. *Commentarii in organum Aristotelis*, 1655.

142. *Cursus logicus*, comprenant à la suite : *Ethicæ compendium, Epitome metaphysicæ*, 1655.

173. *Cursus physicæ*, suivi d'une pancarte de thèses imprimées en 1652.

174. *Physicæ compendium*, comprenant à la suite : *Ethicæ compendium, Epitome metaphysicæ*, 1652.

3. L'enseignement de la métaphysique fut rendu obligatoire par le synode de Charenton, 1631 (cf. plus haut, p. 51) ; l'enseignement de la morale le fut par un autre synode de Charenton, 1644.

définitivement, en plus de la logique et de la physique, deux parties, que Duncan, principal, avait enseignées, autrefois à titre complémentaire, la métaphysique et la morale. La morale était professée la première année, en même temps que la logique [1], et, la seconde année, on étudiait la physique et la métaphysique. Seulement, les cours de logique et de physique étaient restés les parties essentielles : tandis que pour les deux autres parties on se bornait à donner un rapide précis ou compend, on complétait les compends de logique et de physique par de longs commentaires des livres d'Aristote [2]. Ces commentaires n'avaient rien d'une étude

1. Cf. *Registre*, 10 septembre 1683. La compagnie a réglé les leçons et exercices de cette année académique qui va commencer selon l'ordre qui s'ensuit...Pour la philosophie que suivant l'ordre accoustumé, l'un des professeurs expliquera la logique et la morale, l'autre la physique et la métaphysique. Cf. plus loin, p. 78, sqq.

2. Voici le début du cours de 1652 : « Hactenus singulari dici. opt. Max. beneficio prima philosophiæ naturalis fundamenta vidimus et compendiose corporum principia, proprietates et species attigimus. Nunc accuratius expendenda veniunt quæ dignitate sua et pulchritudine physicis studiosum....... et quæ naturæ recessus patefacere....... ac aperire valent ; id autem nec tutius nec aptiori methodo præstare possumus quam si Aristotelis sequamur vestigia, is enim nobis philosophiæ naturalis eximium opus reliquit, quod explicandum (conspirante studiis et laboribus nostris numine divino, cujus hunc in finem auxilium supplices imploramus). Hoc secundo decursus philosophiæ anno suscepimus, quoniam autem anno superiori in ejusdem Aristotelis organo explanando primo textum, deinde quæstiones ortas a textu discussimus; sic eodem plano ordine in physicis progredi constitutum.

Verum antequam textus explicationem aggrediamur Scholarum consuetudini morem gerentes quædam præfabimus de natura physicæ et primo quidem videbimus utrum physica sit vero scientia ; 2° quodnam sit illius objectum, 3° quem ordinem habeat inter philosophiæ contemplativæ partes, denique quomodo dividatur...» Les commentaires portent sur : Octo libros physicæ auscultationis.Quatuor libri de cœlo. Libri de ortu et interitu. Libri de anima. Cf. plus loin, p 129, note 3.

critique. Dans une première partie on exposait successivement les idées contenues dans les différents chapitres des livres étudiés, on en donnait le texte (*textus*); puis on ajoutait des discussions (*disputationes*) qui portaient complètement sur l'interprétation à accorder aux conceptions du maître. On en précisait le sens par des définitions et des remarques (*notandum est*), on indiquait brièvement la réponse acceptée (*assertio*) et on la défendait contre les objections ordinaires. La grande préoccupation était de ne pas s'écarter des opinions reçues, surtout de celles d'Aristote, qu'on n'abandonnait que lorsqu'elles étaient contraires aux dogmes religieux et, alors, c'étaient les solutions scholastiques communes qu'on présentait. On n'avait pas réellement conservé cette liberté d'allure qu'avait prise Duncan, on n'avait plus cette indépendance de philosophe que, on l'a vu, il revendiquait avec énergie.

En logique, en effet, on s'en tient exclusivement à l'auteur de l'*Organon* : ce sont les questions qu'il a traitées, ou qu'on a soulevées à son sujet, que l'on traite aussi. On ne se demande pas si certaines d'entre elles, telles que celle des universaux, qu'entraîne le commentaire de l'*Introduction* de Porphyre, ne sont pas inutiles, on s'y arrête avec complaisance. Ce qu'on néglige, ce sont justement ces règles de recherche précise, ces indications de méthode que nous avons rencontrées chez Duncan; et, cependant, Bacon et Descartes étaient déjà admirés et discutés avec passion.

En physique, on reste tout aussi ancien et on affecte d'ignorer que de nouvelles conceptions de la nature se sont imposées à beaucoup d'esprits. S'agit-il, par exemple, de fixer le nombre des principes des choses natu-

relles, on condamne, parmi d'autres opinions antiques,
« l'opinion de Leucippe, Démocrite, Épicure, Anaxa-
gore, qui ont expliqué la formation du monde par des
principes en nombre infini appelés atomes » ; aucune
allusion n'est faite ni à Gassendi, ni à Descartes [1]. Les
questions qui arrêtent, ce sont par exemple : la privation, la quantité, les causes efficientes et finales sont-elles
des principes ? La matière est-elle une pure puissance,
peut-elle exister sans forme ? Comment faut-il concevoir la forme, la privation ? Le principe de la nature
est-il actif ou passif ? Qu'il s'agisse du mouvement, de
l'infini, du lieu, du vide, du temps, du ciel, de la vie,
c'est toujours Aristote qui pose le problème et donne
la solution ; ce ne sont que des conceptions d'un autre
âge que l'on cite ou discute. Les compends de métaphysique et de morale ne sont également que des résumés
ou des adaptations scholastiques des ouvrages du grand
philosophe. Il suffit, d'ailleurs, de parcourir le catalogue des thèses soutenues en 1652, sous la présidence de
Druet, en se rappelant que la coutume était qu'elles fussent extraites du cours du professeur [2], pour constater
combien ce dernier restait toujours, malgré ses prétentions, un représentant fidèle et borné des vieilles doctrines.

Le collègue de Druet, Hugues, était, lui aussi, un
fidèle d'Aristote. Dans un *Traité astronomique*, publié
en 1655, il affirmait l'immobilité de la terre, le ciel

---

1. A Montpellier, le célèbre Derodon attaquait sur certains points
les doctrines d'Aristote auxquelles il ne craignait pas de comparer
celles de Platon, de Démocrite et d'Épicure, mais il négligea toujours de faire une allusion quelconque à la philosophie nouvelle. Cf.
Bourchenin, *op. cit.*, p. 437.

2. Cf. Appendice.

incorruptible rond, fermé et solide, les étoiles enchaî-
nées dans dix cieux mobiles [1]. En morale, il essaya,
cependant, de manifester quelque initiative, de montrer
quelque originalité. En 1657, il donna une éthique qu'il
annonçait faite sur un plan nouveau [2]. Cette nouveauté
consistait en l'adjonction à l'exposé dogmatique ordinaire d'une troisième partie, dans laquelle étaient reprises et discutées les principales questions, de façon à
ce que à la connaissance des principes se joigne celle
de leur portée et de leurs applications [3]. Il considère
toujours dans ces dicussions la morale d'Aristote
comme « la morale commune » ; toute la liberté qu'il
prend se borne, il le dit dans sa préface, à faire connaître tous les doutes émis, et il se vante de n'avoir
jamais cherché à diminuer la force des arguments de
ses adversaires. Ce qu'il voulait, et ce n'était pas sans
mérite, c'était mettre en lumière toutes les difficultés
particulières de la morale et éviter à ses élèves les
incertitudes et la confusion que des lectures postérieu-

1. *Traité astronomique* réduit en formules, selon la méthode d'Isaac
Hugues, professeur en philosophie à l'Académie de Saumur (Saumur, 1655). Cf. Célestin Port. *Dictionnaire du Maine-et-Loire.* Le grand
reproche fait à Descartes par les théologiens protestants orthodoxes
de Hollande était d'accepter la doctrine du mouvement de la terre.
Cf. Bouiller. *Histoire de la Philosophie cartésienne,* I, 281, 292, 311.

2. *Ethica quæ est prima pars philosophiæ moralis in tres partes
divisa.* Methodo nova Isaaci Hugonis in *Regia Salmuriensi Academia
philosophiæ professoris.* Salmurii, 1657. En 1656, au synode de Baugé
(cf. plus loin, p. 81), il fut demandé que le cours de morale fût plus
étendu. Ce fut, peut-être, l'occasion de la publication de cette *Éthique.*

3. Le livre est ainsi divisé : I Aphorismi Ethicæ ; II Summa
Ethicæ ; III, Disputationes Ethicæ. Le compend manuscrit d'Éthique,
de Druet est divisé en deux sections : l'une a pour objet : de définir
le bien, de déterminer ses caractères ; l'autre comprend une étude
de la vertu en général et une étude des vertus en particulier.

res auraient pu faire naître dans leurs esprits [1]. Il fallait pour cela de la décision et de la netteté d'esprit, et on ne saurait refuser à notre auteur d'en avoir manifesté. Il semble que dans ses dicussions, comme dans son cours, il cherche toujours à éviter deux excès : à accorder trop au corps ou trop à l'esprit. C'est ainsi que, d'un côté, il réfute fortement la thèse de Galien, suivant laquelle les mœurs dépendent du tempérament, et que, d'un autre côté, il soutient contre les stoïciens, Scot et saint Thomas, que toutes les vertus morales, même la justice, ne peuvent être rapportées seulement à la volonté ou à l'intelligence, que, si elles sont l'œuvre de la raison, elles supposent toujours une matière que celle-ci discipline, et sans laquelle son intervention serait

---

1. « Finis, quod Deus bene vertat, mihi fuit in præsenti opusculo, tradere modum facilem studiosis discendi Ethicam, qui inserviret non modo ad alias res discendas, sed et in bonum usum redigendas, nominatim ad jurisprudentiam recte et sancte factitandam. Novam in hunc scopum inivi methodum, quæ forte non probabitur omnibus, non eo solum nomine quod sit nova, verum etiam quod alicubi videatur esse repugnantia in Dogmate. Item quia nonnulla repetuntur, quæ quidem fastidium oblectamento intuitus Ethicæ aspectabilis majus pariunt. Duobus verbis respondetur. In prima et secunda parte secutus sum sententiam communem, præcipue vero Aristotelis in Ethicis ad Nicomachum. In tertia parte retinui libertatem dubia quædam proponendi, ut uniuscujusque exacuerem studium, ostendendo nonnisi post serium examen multis sententiis etiam communiter receptis adhærescendum esse. Nec omittendum, me pro virili robur et pondus argumentis etiam mihi adversantibus indidisse... Ex scriptis repetitis multa revocantur in animum, judicio nostro censenda, quæ nos agunt ad alia invenienda, ad ea reformanda, vel etiam censoria virgulâ notanda. Si qua tamen subsint virtutis semina bene multum fovenda et curanda. Distrahit animum Librorum multitudo... Præcepta primum accepta, diligenti curâ multo plus prosunt repetita quam innumerus novorum numerus quæ equidem varietate sua exhilarant, sed, ut dicam quod res est, non satis animam in bono et honesto confirmant proposito. » Dédicace du livre.

inutile, à savoir : l'appétit sensible. L'homme tout entier intervient dans la pratique. Si la vertu est « inorganique » considérée dans son principe dirigeant, elle est « organique » considérée dans son sujet[1]. Aussi, enseigne-t-il avec Aristote, qu'il y a un usage des passions, montre-t-il que toutes les vertus morales sont intimement unies, que la prudence les pénètre toutes, est de toutes le principe directeur (p. 199, 235), que c'est elle qui nous fait véritablement bons[2]. Il enrichit, toutefois, Aristote en ajoutant cette analyse très fine de la conscience morale qu'avaient donnée les scholastiques[3]. Il

1. « Scotus cum stoïcis censet virtutes morum esse in voluntate. Thomas Aquinas Justitiam saltem ibi collocat... Hæc sententia repugnat Aristoteli et veritati... Respondetur virtutem esse habitum inorganicum ratione *Principii* dirigentis, sicut sunt omnes artes etiam mecanicæ, non vero ratione *subjecti* inhæsionis, quia humanæ operationes non sunt penitus immateriales, sunt enim totius suppositi, quod est eus materiale, etsi ejus pars nobilior sit immaterialis, idem itaque senhendum est de habitibus moralibus, a quibus actiones procedunt », p. 183-184. « Dicimus, processum in actionibus moralibus talem esse ut ab intellectu practico procedat impulsus voluntatis, et ita consequenter commoveatur appetitus sensitivus ad amandum honesta : nisi enim hic rationi morem gerat amando honesto, humana actio non adepta est ultimum suum complementum ; etenim ea actio sive Praxis est totius suppositi secundum omnes facultates, quæ possunt esse principia operationum moralium. Unde ut in Incontinentibus cernere est, Actio non est temperata, quia tum appetitus sensuum non audit intellectus dictamini ; ac ne quidem continentis, quia cum pugnâ sequitur tandem ægre præscripta rationis » p. 33.

2. Cf. Cap. VI, L. III. An a prudentia vere dicamur Boni, sive probi ?

3. « Contra tamen ait philosophus. 6. Eth. 12. Impossibile est prudentem non esse bonum. Hoc evidentius inclarescet si consyderaverimus ad prudentiæ complementum tria necessario conspirare, *Synteresin*, quæ est habitus principiorum moralium, *conscientiam*, quâ istam cognitionem sive intelligentiam practicam applicamus actionibus nostris singularibus, denique *judicium ultimum* ex duobus

réduit toute la morale sociale à la justice et à l'amitié
conçue à la façon péripatéticienne ; la charité est,
pour lui, une vertu surnaturelle, elle a Dieu pour principe et pour fin, et c'est par Dieu qu'elle enveloppe les
hommes. Ses préoccupations pratiques le conduisent
à donner, quand il s'agit de qualifier les actes bons,
une véritable casuistique ; il ne craint pas de s'arrêter
aux difficultés particulières que la vertu rencontre et
de faire les distinctions utiles pour sauvegarder ses
droits [1].

C'est en philosophe qu'il raisonne toujours, il se
tient à l'écart de la théologie et, quelles que puissent
être les exigences de cette dernière, ce n'est pas à les
satisfaire qu'il s'applique d'abord [2]. C'est ainsi que, tout

---

præcedentibus elicitum. Faciamus igitur syllogismum quemadmodum
faciunt apud se prudentes. Nullum injustum est admittendum. Atqui
si nunc aut hic ele surripiam alteri pecuniam faciam injustum. Ergo
pecunia non est surripienda. Cognitio majoris est *synteresis,* adeoque intelligentia certissima. Cognitio assumptionis est *conscientia,*
quæ in prudente certa et firma est. (Illic murus aheneus esto. Nihil
conscire sibi nulla pallescere culpâ). Cognitio et approbatio conclu-
sionis est *ultimum judicium practicum,* Intellectus, quod proposi-
tum appetitui, necessario præeligitur ; sic itaque *judicium* prudentiæ
est principium remotum actionis honestæ. *Præelectio* proximum, sed
quæ ab illo priore adæquato dependet. Atque inde liquet, quâ
ratione prudentia connectatur cum morum virtutibus », p. 235.

1. Cf. surtout P. III. L. III, Ch. IV. et les chap. VIII, IX, X, relatifs
à la justice.

2. « Cæterum liberum arbitrium in rebus politice bonis convenit
homini est enim in ejus potentia ut contrahat virtutem vel vitium ;
quod si agatur de rebus divinis, Theologi nostri aliter sentiunt », p. 13.
« Ad tertiam. Resp. qualiscumque responsio patet ex dictis et ne
videatur false immitti in messem alienam plenius respondebunt
Theologi nostri. Nunc philosophice tantum, idque pingui minerva
tractamus argumentum de libertate hominis in electione Boni et
Mali », p. 73.

en réduisant le domaine de la liberté, il s'efforce de rendre son existence indiscutable, ne craignant pas d'abandonner le rigorisme de la prédestination calviniste. Il suivait ainsi, il est vrai, mais en l'accentuant, l'impulsion donnée à Saumur par les Amyraut, Cappel et de la Place qui, reprenant l'Arminianisme, soutenaient une doctrine de la grâce moins déterministe, laissant une place possible, au moins en apparence, à l'initiative individuelle, au mérite particulier [1]. Il distingue avec les scholastiques deux objets de la volonté : la fin et les moyens. Il n'admet pas que le libre choix de l'homme puisse s'exercer sur la fin proposée. Les arguments qu'il apporte sont les suivants [2] : 1° L'expérience nous offre beaucoup de cas dans lesquels il est manifeste qu'il est impossible à l'esprit de se soustraire aux idées qui l'absorbent; 2° Quoi qu'en ait prétendu Thomas d'Acquin [3], le jugement de la raison qui

---

1. Amyraut réduisait la liberté à la spontanéité : « Car encore que par le péché nos facultés soyent tellement engagées sous la domination du vice, qu'il nous est impossible de nous en défaire sans une assistance particulière de la grâce de nostre Seigneur, nos actions, quelque mauvaises qu'elles soyent, ne laissent pas d'être libres, quand elles ne se font point par la contrainte de quelque principe externe dont la violence nous emporte, ou que nous n'y sommes point circonvenus par une ignorance excusable des choses singulières, et que l'on nomme de fait. » La morale chrestienne. Conclusion de tout l'ouvrage, p. 771.

2. Disputationes, L. II, ch. 12 et 13, p. 201, sqq.

3. « Dicunt voluntatem ut est in potentia, sive in habitu non pendere ab Intellectu sive ratione, quia facultas libera non potest in actum exire, nisi praecedat rationis aliquod judicium, quo sensu, ait Thomas liberum arbitrium quoad usum dependere ab utraque illa potentia et inde probat hominem habere liberum arbitrium, quia agit ex judicio rationis libero et ad unum minime determinato, quia ratio circa contingentia bona occupata habet judicium indifferens, quale

nous décide n'a rien d'indifférent, car si on peut accorder que la volonté est une condition de l'intelligence, il faut reconnaître aussi que l'intelligence ne peut s'appliquer à la considération d'une fin, d'un bien, que si elle en a déjà l'idée ; 3° Même quand notre volonté semble résister à ses motifs, elle obéit encore à ce motif qu'il est bon pour elle de se prouver qu'elle est libre ; 4° Enfin, admettre que l'intelligence puisse ne pas entraîner la détermination, n'est-ce pas condamner l'emploi de moyens moraux dont l'efficacité est incontestable, à savoir : les avertissements, les conseils ? Mais, si nous n'avons pas le libre choix de la fin, nous avons celui des moyens, nous possédons le « libre arbitre ». Il y a là une vérité d'expérience et une exigence de la morale. Ce qui rend possible ce libre arbitre, c'est l'existence en nous de deux natures : une nature intelligente et une nature sensible, qui ont chacune leur bien particulier [1]. Qu'il y ait lutte entre elles, indéci-

---

judicium non est in belluis. At inquam igitur hic de actibus voluntatis (non de ipsamet potentia, in quibus exercendis sese non determinat potentia volendi ut dictum est. Intelligimus quia volumus intelligere sed nunquam volumus intelligere nisi prius cognoverimus bonum esse se applicare ad intelligendum », p. 206.

1. « Libertas hæc arbitrii videtur habere principium a duplici facultate humana : nimirum intellectiva et sensitiva, illa ad bonum, hominis excellentia dignum, ista ad bonum sensibus gratum promovet. Hic igitur quandoque pugna inter utrumque intercedit, unde quando accidit ut objectum sit contingenter aut indifferenter bonum, appetitus hominis non sit huic vel illi objecto adstrictus, sæpe autem nos latet in re proposita quid sit justum vel injustum, quodnam sit alteri præferendum, interdum perceptis utrinque rationibus, intellectus deficit in recte judicando, interdum judicio suo vincit, verum sæpe sæpius vincitur a cupiditate et ira, teste Aristotele. Quo fit ut etiamsi in operibus moraliter bonis libertatem habeamus (quandoquidem non superant vires rationis humanæ) majorem tamen in eis quam in malis operibus edendis experiamur difficultatem », p. 209.

sion sur la valeur des moyens à employer et notre intelligence obscurcie s'abstient et laisse notre nature sensible imposer à la volonté sa décision. Ce qui nous affranchit des impulsions charnelles, c'est cette étincelle divine (*divinæ particula auræ*) [1] qui, présente en nous, nous éclaire et nous entraîne vers nos vraies fins, et, ce qui fait que nous hésitons, que nous pouvons nous trouver indifférents par rapport aux moyens, que nous choisissons, ce sont les troubles que notre nature sensible crée en nous. Mais que rien n'obscurcisse notre intelligence, qu'elle puisse subordonner nos appétits, et nous allons infailliblement au bien [2]. Nous sommes libres parce que nous sommes imparfaits, parce que les biens et les maux qui se présentent à nous dans la vie ordinaire (*politice*) ne sont que des biens et des maux relatifs, que détermine une appréciation humaine; mais, par rapport au bien véritable, par rapport à Dieu, nous ne le sommes plus, nous suivons son impulsion [3].

1. « Naturaliter in res sensibus gratas propendemus, sed in nobis est divinæ particula auræ, quæ nos ad res spirituales movet et attollit, idcirco philosophia dicitur avulsio animi a corpore. » Il y a là une trace d'une influence stoïcienne qui s'était déjà exercée sur Mélanchton. Se distinguant de Luther, pour qui la raison même de l'homme, fonction de la chair, est pervertie, Mélanchton admet, au contraire, que l'homme n'est pas sans lumière, qu'il porte en lui un *lumen naturale*, que des principes innés lui apprennent les grandes vérités de l'ordre spéculatif et moral. Hugues semble s'éloigner sur ce point de Duncan. Cf. plus haut, p. 38, note 3.

2 Voluntas post dictamen intellectus nullam experitur difficultatem, sed solus appetitus sensuum, p. 181.

3. In bonis et malis politice sumptis homo habet utramque libertatem tam a coactione quam a necessitate, potest occidere hominem vel non occidere, erogare eleemosynam vel furari aliena : At non habet libertatem a necessitate in bonis et malis Theologice sump-

A la même époque, le grand théologien de l'Académie, Amyraut publiait également (1651-1660) une « Morale ». C'est un ouvrage considérable. Son auteur croyait pouvoir écrire dans sa conclusion : « Je doute qu'il y ait eu aucun avant moy qui ait poussé cette matière plus avant, ny qui ait employé plus de volumes à la traitter. » Il comprend, en effet, six volumes, et on doit reconnaitre que l'analyse de nos devoirs y est faite avec pénétration, que la vie de l'homme y est étudiée, parfois, avec profondeur. Mais l'homme considéré est surtout le chrétien, c'est de la conduite de ce dernier qu'on cherche à déterminer avant tout les caractères, c'est une morale religieuse que l'on donne. Sans doute, une partie de l'ouvrage est consacrée à la « morale des philosophes », mais cette morale, qui est celle d'Aristote, telle que les scholastiques la comprenaient, est toute enveloppée par les exigences chrétiennes, qui lui apportent des compléments, et elle n'est qu'une étape vers la morale du Christ, qui est la fin et le couronnement. Le grand mérite que les théologiens protestants attribuent à cet ouvrage est d'avoir bien fait ressortir la différence des conceptions judaïque et chrétienne de la vie[1]. Hugues, philosophe, pouvait donc défendre l'originalité de son « Éthique » qu'il avait composée en dehors de toute préoccupation religieuse.

On le voit, l'enseignement philosophique à l'Académie de Saumur, loin de profiter de l'impulsion d'un Duncan, s'était maintenu dans un traditionalisme

tis : non potest enim eligere suapte natura nisi id quod est malum judicio Dei, ut fatentur omnes non pelagiani », p. 72.

1. Franck Puaux. Article de la Grande Encyclopédie.

étroit. A'peine, en morale, essayait-on avec hésitation,
quelques innovations qui intéressaient encore beaucoup
plus la forme et les détails que les idées elles-mêmes.
On restait esclave de cet exclusivisme aveugle, que
pratiquaient, alors, tous les représentants de la scholastique. On méconnaissait son temps, par paresse ou
amour-propre mal placé, on ignorait les progrès de la
science [1]. On avait, comme on l'a remarqué, une in-
transigeance qui aurait surpris et irrité les princes de
l'école [2]. En 1680, Druet, toujours professeur à l'Acadé-

1. Cf. *Appréciation* de Bacon, citée par de Wulf, *op. cit.*, p. 519.
« Hoc genus doctrinæ minus sanæ et scipsum corrumpentis invaluit
apud multos præcipue ex scholasticis, qui summo otio abundantes,
atque ingenio acres, lectione autem impares, quippe quorum mentes
conclusæ essent in paucorum auctorum, præcipue Aristotelis dictato-
ris sui scriptis, non minus quam corpora ipsorum in cænobiorum-
cellis, *historiam vero et naturæ et temporis maxima ex parte igno-
rantes.* » On rapporte que Mélanchton et Cremonini se refusèrent à
regarder le ciel au télescope. Et Galilée parle de ces aristotéliciens
« qui plutôt que de mettre quelque altération dans le ciel d'Aristote,
veulent impertinemment nier celles qu'ils voient dans la nature » *id.*,
p. 537.

2. De Wulf, *op. cit.*, p. 520. « A quel crédit social pouvaient prétendre des hommes qui fermaient portes et fenêtres sur le dehors et
n'avaient pas le souci des idées de leur époque ? Saint Thomas et les
docteurs du xiii⁰ siècle se comportaient autrement vis-à-vis de leurs
adversaires, et s'ils avaient vécu au temps de la Renaissance, ils
auraient entrepris une guerre implacable, et sans doute victorieuse,
contre cette masse de philosophies boiteuses, infiniment moins
robustes que l'averroïsme du xiii⁰ siècle » et p. 537. « Des textes bien
connus témoignent que saint Thomas n'entendait pas accorder à toutes les données scientifiques une valeur de thèse, mais plutôt d'hypothèse, et qu'à son avis leur abandon n'eut pu compromettre la métaphysique. Quand il écrivait: « Forte secundum aliquem alium modum
nondum ab hominibus comprehensum apparentia circa stellas salvan-
tur », il pressentait, ce semble, et condamnait par avance, les fautes
dont devaient se rendre coupables, quatre siècles plus tard, des hommes de moindre talent. »

mie de Saumur, dictera encore le même cours de logique. Mais les académies ne représentaient plus seules le mouvement intellectuel ; un public instruit s'était formé, qui était, lui, tout entier acquis aux idées modernes ; lui résister deviendra parfois difficile, sinon impossible, et c'est ce qui se produira, nous allons le voir, à Saumur.

CPAPITRE IV

LE CARTÉSIANISME
A SAUMUR ET A L'ACADÉMIE PROTESTANTE
JEAN-ROBERT CHOUET

Il était bien difficile qu'une académie, dont les professeurs de théologie, par la hardiesse et le libéralisme
de leurs opinions, révolutionnaient tout le monde protestant, pût, dans son enseignement philosophique,
rester toujours étrangère aux découvertes et conceptions nouvelles, surtout au mouvement d'idées qu'un
Descartes venait de produire. Elle avait par cela même
trop de contact avec les autres centres intellectuels pour
que l'agitation, qu'avaient éprouvée en cette matière certains d'entre eux, ne vînt pas jusqu'à elle et ne la trou-
blât pas elle aussi. Les étudiants hollandais ou alle-
mands [1] ne pouvaient ignorer les luttes qui animaient
les académies de leurs pays et ne pas les faire connaître,
et un Clauberg, que la réputation d'un Amyraut, d'un de
la Place, d'un Cappell, avait amené à prendre Saumur
comme un des objectifs de son voyage en France [2],

1. Beaucoup d'étudiants étrangers venaient suivre les cours de
théologie de Saumur et même y faire toutes leurs études : cf. plus
loin, p. 136.

2. « Adiit ergo Noster primo Galliam, gentem ca tempestate et
humanitatis laude et cruditorum copia florentissimam. Salmurii pri-

dut certainement avoir plus d'une occasion de parler
d'un système vers lequel allaient ses préférences, et
dont il devait être, bientôt, un illustre représentant. Il
se trouva même, à Saumur, un établissement catholique
rival qui sympathisait ostensiblement avec les idées
nouvelles, et leur préparait un accueil favorable dans
le public. Dès 1619, pour opposer une digue à la pro-
pagande protestante qui rayonnait de cette ville, les
Oratoriens y avaient fondé leur collège de Notre-Dame
des Ardillers, qui était devenu rapidement, par suite
des nécessités de la concurrence, un des plus florissants
de la congrégation, celui qui en possédait les théologiens et les philosophes les plus renommés [1]. Là ensei-
gnèrent un Thomassin, un Abel de Sainte-Marthe, un
Jean Morin [2], un André Martin, (Ambrosius Victor),
un Leporcq, un Bernard Lamy. Or, les Oratoriens,

mum substitit et Capellis, Amyraldis, Placæi, aliisque Galliæ Refor-
matæ Luminibus per annum est usus (ce serait en 1616) » Johannis
Claubergii vita per *Henr. Christianum Henninium...* en tête de l'édition *Schalbruchius,* Amsterdam, 1691.

1. Cf *L'Oratoire et le Cartésianisme en Anjou,* par Dumont, Angers,
1864. « La maison de Notre-Dame des Ardilliers de Saumur doit toujours être regardée par les Oratoriens comme une seconde institution », lit-on, dans les : « *Ordres qui concernent le spirituel de cette
maison, tirés de notre bulle, des lettres et ordres de nos généraux et
du livre des visites* ». Manuscrit. Bibliothèque de Saumur, II, C. V.

2. Le père Jean Morin était un protestant converti qui avait su
conserver avec sa famille et tous ses anciens coreligionnaires des
relations excellentes. « Son caractère principal, dit le père Cloyseaul,
était une extrême douceur qu'il conservait tellement au milieu des
disputes les plus âpres dans les matières de religion et de contro-
verse qu'il ne lui arriva jamais de s'emporter. Cette modération fit
que quelque résistance qu'il eût trouvée toute sa vie dans ses parents
à embrasser la religion catholique, il leur laissa tous ses biens de
patrimoine contre le conseil de la plupart de ses amis. » *Recueil de
vies de quelques prêtres de l'Oratoire,* Ed. Ingold, II, p. 36.

reprenant un vieil usage chrétien, avaient institué, en dehors de la prédication ordinaire, « des conférences sur les différentes branches des sciences chrétiennes. Là, sans être astreint aux formes solennelles du sermon, avec plus de liberté et de simplicité, on exposait d'une manière suivie les principes de l'interprétation des livres saints, certaines questions de théologie spéculative ou pratique, ou encore les principales époques de l'histoire de l'Église [1]. » L'esprit qui les inspirait était très libéral : on savait, au respect pour la tradition, allier une sage indépendance à l'égard des divers systèmes. « Rien, disait Thomassin [2], ne serait plus opposé à l'esprit de l'Oratoire et aux maximes de ses fondateurs, que l'obligation imposée à un de ses membres d'embrasser et de défendre telle ou telle opinion. Tout ce que l'Église catholique elle-même, en s'abstenant d'intervenir par ses définitions, a laissé libre, doit l'être également dans une congrégation dont l'esprit est l'esprit même de l'Église, et dont les premiers membres, formés à l'une des plus fameuses écoles théologiques de la chrétienté, la Sorbonne, ont appris d'elle à respecter la liberté de la science et à ne jurer en aucun cas sur la parole d'autrui..... Les dissidences portent plus souvent sur les mots que sur les choses, ou bien, dans ce cas, il y a moins opposition de doctrines que diversité d'opinions. Ce sont comme les fragments divers d'une seule et même vérité, absolument une et simple en elle-même, tandis que, eu égard à nous, elle est multiple et renferme des richesses innombrables.

1. Le P. Adolphe Perraud, *L'Oratoire de France au XVIIe et au XIXe siècle*, p. 450.
2. Thomassin habita Saumur de 1618 à 1651.

Mais tous ces dissentiments ou ces apparences de dissentiments se dissipent devant le zèle de la vérité joint à l'amour de la charité et de l'unité [1]. » Il disait encore : « comme les hommes ont la raison en partage et que, d'ailleurs, ils ont leur faible, il faut prendre une partie de leurs systèmes et retrancher ce qu'il y a de défectueux de part et d'autre, par là on découvre facilement la vérité [2]. » Et cette large tolérance, cette modération, l'Oratoire les étendait même aux adversaires de leur religion. « Quand vous parlez contre les hérétiques, dit l'un de leurs grands directeurs et missionnaires, le père Le Jeune, que ce soit avec respect, compassion, tendresse et témoignage d'affection, leur accordant tout ce que vous pourrez sans intéresser la vérité. Abstenez-vous des injures, des invectives et des paroles qui ressentent le mépris [3]. »

Un esprit analogue était aussi celui des célébrités, d'alors à l'Académie protestante. Eux aussi, nous l'avons déjà signalé, se rattachant d'assez près aux Arminiens, représentaient le libéralisme dans leur religion. Amyraut adoucissait le dogme de la grâce, si terrible chez Calvin [4]; de la Place ne craignait pas d'avoir sur le

1. Cf. C. P. A. Perraud, *op. cit.*, pp. 487, 489.
2. Citation donnée par Niceron. Cf. en outre sur l'Oratoire et son enseignement: Compayré : *Histoire critique des doctrines de l'éducation en France* I, p. 208 sqq.
3. Le P. Perraud, *op. cit.*, p. 141.
4. Moyse Amyraut, né en septembre 1596 à Bourgueil (Touraine). En 1626, remplaça Daillé comme pasteur à Saumur, et, en même temps, fut chargé avec Cappel d'un cours de théologie à l'Académie. Il ne subit les épreuves réglementaires « pour être admis en la charge et vocation de professeur »,qu'en juin 1633. C'est en 1634, qu'il publia son livre de la *Prédestination* (Saumur, 1634-1658) qui souleva contre lui les plus violents orages. En 1640, il était nommé principal du col-

péché originel une doctrine qui lui attirait le reproche
de se rapprocher du catholicisme [1]; et Cappel osait défendre une théorie de la ponctuation dans l'hébreu qui
ameutait contre lui l'orthodoxie protestante dont certaines interprétations des Livres Saints se trouvaient,
par le fait, compromises [2]. Dans l'usage courant, tous

lège et mourait le 8 janvier 1664. Cf. Bossuet. *Hist. des variations*,
L. XIV, chap. 117. « Par une suite de la complaisance qu'on avoit
pour les Luthériens, Jean Cameron, Ecossais, célèbre ministre et professeur en théologie de Saumur, y enseigna une vocation et une
grâce universelle, qui se déclaroit envers tous les hommes par les
merveilles des œuvres de Dieu, par sa parole et les sacrements. Cette
doctrine de Cameron fut fortement et ingénieusement défendue par
Amiraut et Testard, ses disciples, professeurs en théologie dans la
même ville. Toute cette Académie l'embrassa : Dumoulin se mit à la
tête du parti contraire et engagea dans ce sentiment l'Académie de
Sedan où il pouvoit tout : et nous avons vu de nos jours toute la
Réforme partagée en France avec beaucoup de chaleur entre Saumur
et Sedan. » — Cf. Port : *Dictionnaire du Maine-et-Loire* et Bayle : *Dictionnaire.*

1. Josué de la Place né à Saumur en 1695, professeur de philosophie
à l'Académie (1621-24) ; pasteur à Nantes (1621-1633), en 1633 professeur de théologie à l'Académie. En 1640 il donnait à Saumur ses *Theses
theologicæ de statu hominis lapsi ante gratiam.* Sans attaquer le dogme
du péché originel, il en tempérait les conséquences impitoyables au
nom de la bonté et de la justice divine. Son opinion fut condamnée
par le synode de Charenton, décembre 1644, et provoqua les attaques des
théologiens de Genève, de Sedan, de la Hollande. Il mourut le 17 août
1655. Cf. Port: *op. cit.*

2. Louis Cappel, né à Saint-Ellier, près Sedan, 15 octobre 1585, professeur d'hébreu à l'Académie de Saumur le 3 novembre 1613. En 1624
il publia son *Arcanum punctuationis revelatum sive diatriba de punctis
vocalium et accentuum apud Hebræos vera et germana antiquitate.*
(Lugt. Bat. 1624 in 4.) « A l'encontre   partisans de la doctrine
littérale, il démontrait par la comparaison des manuscrits de la
Cabbale, du Talmuth et l'explication rationnelle des variantes que les
points, voyelles et les accents du texte hébreu, loin de faire partie
intégrante de la langue, n'étaient qu'une invention de grammairiens
juifs du VIᵉ siècle après J.-C. ». En 1626, il fut nommé provisoirement,

ces grands esprits pratiquaient la même tolérance sincère. Leurs relations étaient larges, ne s'arrêtaient
pas aux frontières, souvent artificielles et fausses, que
créent les différences de conviction. Le caractère paci-
fique, conciliant, charitable d'un Père Morin, d'un Thomassin leur avait créé une réputation particulière.
Amyraut, qui abandonnait son traitement aux pauvres,
négligeait de s'informer des croyances de ceux qu'il
secourait, partageait ses aumônes également entre tous.
On rapporte, qu'à la mort de de La Place, « les Pères de
l'Oratoire demandèrent à être admis à l'honneur de le
contempler, et, dans cette entrevue, dirent aux protestants que si M. de la Place fût mort dans leur com-
munion, ils l'eussent fait canoniser, quelle qu'eût été
la somme qu'il leur en aurait coûté, tant était grande
l'admiration qu'ils ressentaient pour la vaste étendue
de ses connaissances et surtout l'édification que produisait la parfaite sainteté de sa vie [1]. » Entre de tels
adversaires il ne pouvait y avoir que luttes et discussions courtoises. Certaines relations, même intellectuelles, grâce à cette institution des conférences oratorien-
nes, purent s'établir. On vit les protestants affluer aux
conférences de Thomassin, les catholiques assister aux
soutenances des thèses des protestants et argumenter.
Le Père André Martin, qui accueillait les professeurs

professeur de théologie, en même temps qu'Amyraut, et fut définitivement installé en 1631. Il restait en même temps professeur d'hébreu. En 1650, il donna *Critica sacra, sive de variis quæ in sacris
V. T. libris occurunt lectionibus*, lib. VI. Il mourut le 17 juin 1678.
Cf. Celestin Port, *op. cit.* Renan le cite avec éloges *Histoire des langues sémitiques* (I., ch. I., p. 175).

1. Quick : *Icones sacræ gallicanæ*. Cité par Bourchenin, *op. cit.*,
p. 413.

de l'Académie à ses leçons, ne craignait pas de se rendre aux leurs et d'intervenir dans la discussion [1]. Quelques services, dénotant une certaine intimité et un
certain respect mutuel, furent rendus. C'est grâce au
Père Morin, que Cappel obtint enfin pour son livre :
Critica sacra, un privilège d'impression, qui lui permit
de se passer des presses gènevoises et hollandaises qui,
par défiance, lui étaient refusées [2]. Sans doute, des con-
versions vinrent jeter entre les deux partis de la mé-
fiance, imposer de la réserve [3], mais les conséquences,
au point de vue philosophique, d'une telle fréquenta-
tion réciproque n'en furent pas moins grandes pour
l'Académie protestante. L'Oratoire était en avance sur
elle. Dédaignant Aristote, il revenait à Platon et au
père de l'Église qui s'inspirait le plus directement du
philosophe païen : Saint Augustin, et il ne craignait
pas, en même temps, d'étudier Descartes, de l'apprécier. Platon n'était même que le masque derrière lequel
il déguisait souvent son goût pour l'auteur du *Discours
de la Méthode* [4]. Dès 1652, André Martin publiait à

----

1. D'après le P. Adry.

2. Cf. C. Port *op. cit.*, article Cappel.

3. Notamment le fils aîné de Cappel lui-même: Jean Cappel, abjura
entre les mains du P. Morin.

4. Cf. Bouiller. *Hist. de la Phil. cartésienne*, II, ch. I, H. Joly :
Malebranche, et plus loin, p. 110, note 1. Le P. Thomassin surtout était
un admirateur de Platon. Le P. Senault dit de lui : « De tous les différents sentiments des philosophes, ceux de Platon lui plurent davantage, tant à cause de leur subtilité que parce qu'il les trouva plus conformes à la doctrine des premiers Pères de l'Église ; il les expliqua
avec tant de netteté et de force qu'il rendit plusieurs de ses écoliers
capables de les enseigner ; et, en effet, quelques-uns d'entre eux s'étant
faits religieux, ont dicté ses écrits et enseigné la philosophie avec un
éclat extraordinaire. » (Biblioth. oratorienne, éd. Ingold. *Recueil des
vies de quelques prêtres de l'oratoire*, III, p. 165.)

Angers un premier essai de son livre *Philosophia chris-
tiana,* dans lequel il essayait de concilier Saint Augustin et Descartes. De là la création à Saumur et dans
toute la région d'un milieu cartésien [1], qui devait bientôt trouver son agitateur dans le médecin Louis de la
Forge, le futur éditeur du *Traité de l'homme*, qui, plein
d'enthousiasme pour celui qu'il avait peut-être connu
au collège de la Flèche, était à la recherche, d'après
Jacob Gousset, des intelligences capables de recevoir
ou de discuter la doctrine nouvelle [2]. Par suite, c'était
en vain que le personnel philosophique enseignant de
l'Académie restait fidèle aux vieilles traditions : son

1. L'existence de ce milieu est attestée par Chouet (Cf. *Vie de
Chouet*, par E. de Budé, p. 51), qui hésite de quitter Saumur pour Genève
« parce que, dit-il, je suis dans une ville fort commode pour les
gens de mon métier, à cause de diverses personnes et de la Religion,
et catholiques romains, avec qui je puis conférer de philosophie. »

2 *Causarum Primæ et secundarum realis operatio.* Loovardiæ 1716.
... Ludovicus de la Forge medicinam factitans Salmurii, dum ego Philosophiæ et Théologiæ professores audiebam... mihi sane fuit perfa-
miliariter notus... At ista discrimina nihil ad rem facere judicabat
vir profecto comis, nec turbare consensum in communi orga Cartesium diligentia. Adde quod rari illis temporibus locisque erant qui
cartesium legerent, rariores qui serio cum capere conantes diligenter
persolverent Ille ita animatus frequenti me in ædibus suis ac libero
interpellatore gaudebat. Ipseque meum quamvis puerile cubiculum
sæpe nec opinato subibat. De variis argumentis sermones conscreba-
mus... Desudavimus excogitandis figuris, quas ille Homini cartesiano
addidit. Fregimus ovà gallinacea experientes an Harvæo ἡ αὐτοψία
addiceret... » n° 3, « Hic enim illam (doctrine des causes occasionnel-
les) aperuit circa annum MDCLVIII, nec est quod uni mihi tune aper-
ruisse opiner » n° 5. De la Forge était également en relation avec les
Pères de l'Oratoire. La Bibliothèque de Saumur possède un *Traité de
l'Esprit* provenant de la bibliothèque de ces Pères et sur lequel sont
écrits ces mots : *Ex dono Ludovici de la Forge.* Il assistait au concours de Chouet et Chouet s'estime heureux d'avoir fait sa connaissance. Cf. de Budé, *op. cit.*, p., 29 et plus loin, p. 91, note 1.

public scolaire et le public de la ville ne pouvaient
plus avoir pour lui la même déférence respectueuse et
confiante. C'est ce qui explique peut-être, en partie, le
dédain dont les professeurs de philosophie se plaignent,
à cette époque, d'être l'objet, comme nous l'avons déjà
vu, de la part de certains de leurs élèves [1]. Il y aura
même bientôt des pasteurs qui seront gagnés aux idées
nouvelles, et qui proposeront, dans un synode tenu à
Baugé, en 1656, sinon de substituer Platon à Aristote,
du moins de permettre aux professeurs de s'en inspirer, de leur laisser la liberté de choisir leur maître.
Le synode, surpris, ne voulut rien décider et renvoya
l'affaire devant le Conseil extraordinaire de l'Académie.
Le compte rendu de la délibération de ce Conseil (25 septembre 1656) est curieux à divers titres : il montre
très bien et l'esprit traditionnel de l'Académie et la
transformation qui commençait à s'opérer dans l'intelligence de quelques-uns de ceux qui s'y rattachaient [2]. Le
voici :

1. Cf. par exemple Registres, 25 juillet 1657. Ayant esté représenté
au conseil par M. Druet que les nommés Rohan et Husley estudians
en Logique ne font aucunement leur devoir d'escholier nonobstant
diverses remontrances... et voyant qu'au lieu de profitter de telles
admonitions, ils alloient toujours en empirant jusqu'à se soustroire
tout à fait des exercices académiques et se refuser estans mandés de
comparoître en cette compagnie et en ont rejetté avec mépris et
injure l'authorité... La Compagnie les jugeant tout à fait incorrigi-
bles, ha arresté qu'ils seront rayés de la matricule des Estudiants .»
2. L'Oratoire était en avance aussi, au point de vue de l'organisation de l'enseignement, sur l'Académie protestante. Ce fut un père
de Saumur, le père Jean Morin, qui écrivit la partie relative à l'enseignement proprement dit du Ratio studiorum a magistris et professori-
bus congregationibus Oratorii Domini Jesu observanda (1615). Or, dans
ce plan d'études se trouvaient consacrées des innovations importantes.
Les classes se faisaient en français jusqu'à la quatrième et le cours

« Suivant l'arresté du synode tenu dernièrement à
Baugé, qui la renvoie à ce conseil la proposition faitte
au dit synode, touchant la façon d'enseigner la philosophie en cette Académie, le conseil ha esté assemblé
par M. le Recteur, auquel ont esté appelés tous ceux
qui le constituent et y ont comparu tous, à l'exception
de MM. de Bouilly, Xiotte Ellau, Tourette, de Haumont
et de Bouchardeau qui s'en sont excusés et le sieur de
Haumont absent depuis quelques jours de cette ville,
au lieu desquels ont esté conviés cinq pasteurs de cette
province qui se sont trouvés par ordre du quel synode
pour, avec le consistoire de cette Église, renforcé de
leur assistance, juger de quelques affaires, qui, par la
brièveté du temps, n'ont pu estre terminées au dit
synode, lesquels pasteurs sont MM. de Vaussoudan,
pasteur de Saint-Aignan, de la Faye, d'Angers, M. de
Lerpinière, de Vandasme, M. de la Galère, de Châ-
teau-Gontier et Cadour, de Baugé, touchant quelques
plaintes et remontrances qui y ont esté faittes sur
la façon d'enseigner la philosophie qui se pratique en
cette eschole. Sur quoy délibération ayant esté prise
et ouis les advis de ces messieurs pasteurs conjointe-
ment avec ceux de ce conseil ha esté arresté ce qui
s'ensuit. C'est à savoir que, sur ce que quelques-uns

d'histoire, qui était également une nouveauté, continuait à être donné
en français. De plus l'enseignement scientifique était organisé. A l'Académie, aucune de ces réformes ne semble avoir été acceptée. En 1617
Duncan avait été chargé d'un cours de mathématiques, mais ce cours
fut bientôt supprimé et toutes les demandes pour son rétablissement,
notamment en 1637, furent repoussées par les synodes. S'il y eut des
perfectionnements apportés, ce fut dans l'enseignement des langues
anciennes. Le père de Mme Dacier, Le Febvre, professeur de grec, publia
un traité très original et qui eut du succès intitulé : *Méthode pour
commencer les humanités grecques et latines.*

ont demandé au dit synode que les professeurs ne fussent point astreints à suivre ni enseigner la philosophie
d'Aristote, mais qu'il soit libre à chacun d'eux d'enseigner la philosophie selon ce qu'ils la jugeront le plus
à propos, ou que du moins dans le cours qui est dicté,
on ne s'attache point au texte d'Aristote pour l'expliquer, ha esté jugé conformément à ce qui en avoit
esté déjà arresté au dit synode que cette liberté n'estoit nullement ni raisonnable ni tolérable, attendu
qu'elle engendreroit une grande confusion et trouble
dans l'eschole entre les professeurs et estudiants en
icelle, et de contentions et divisions entre ceux qui
enseignent, qui n'ayant nulle règle certaine de leur
traditive [1] enseigneroient l'un d'une façon, l'autre
d'une autre, tireroient à soy chacun d'eux ses auditeurs
et les banderoient les uns contre les autres, et les professeurs mesmes seroient entre eux divisés, ce qui apporteroit beaucoup de trouble dans l'Académie, comme il
se voit par expérience, es Académies étrangères d'Allemagne et Pais-bas, où les uns suivent la philosophie et
traditive d'Épicure et Gassendi, les autres celle de Descartes et les autres une autre telle que bon leur semble, et que cela causeroit une grande confusion et
trouble en l'examen qui se fait tous les ans devant le
conseil des escholiers qui ayant achevé leur cours en
philosophie aspirent et sont promus à la maistrise es
arts. Et quant à ce qui est de ne point expliquer ni

---

1. On tenait beaucoup, semble-t-il, à l'Académie, à ce que l'enseignement fût homogène. En 1631 Hugues, bien que moins brillant, est préféré à Limbourg pour la chaire de philosophie parce qu'il a « une doctrine plus uniforme à elle-même et à celle qui s'enseigne en cette
eschole depuis son commencement. » Cf. plus haut, p. 50, note 1.

rien dicter sur le texte d'Aristote que cela ne se peut
ni ne se doibt, non seulement parce que le texte d'Aristote est le fondement de la doctrine qui s'y enseigne
et ne se doibt abandonner, que parce que en la solemnité de la maistrise on ha accoustumé de tout temps
de mettre en main aux escholiers les escrits d'Aristote
et de leur en recommander soigneusement la lecture
comme de leur principal docteur et maistre en philosophie, ce qui ne se pourroit changer sans trouble et
scandale, qu'au reste en la mesme solemnité on ne les
astreint pas tant à suivre en toutes choses Aristote,
qu'il ne leur soit libre là où ils trouveront qu'il s'es-
carte de la vérité, ils le peuvent et doibvent délaisser;
2ᵉ sur ce qu'on désire que la métaphysique et éthique
soient enseignées tout au long et que pour cela soient
retranchées des cours de logique et physique qui se
dictent et expliquent diverses questions superflues et
non nécessaires afin d'avoir plus de temps pour enseigner plus exactement l'éthique et métaphysique, ha
esté reparti par les professeurs en philosophie que,
depuis les arrestés des synodes nationaux sur cela, les
deux disciplines ont été icy enseignées toujours autant
exactement et amplement qu'il est nécessaire et que
les compends qui s'en donnent et expliquent sont plus
amples de beaucoup que ceux qui en ont esté ci-devant
donnés par les précédents professeurs qui ont enseigné
en cette Académie. Et pour ce qui est des questions
superflues qu'on désire estre retranchées, bien que ceux
qui enseignent n'estiment point qu'il y en ait de telles
en leurs cours, lesquelles auparavant eussent d'eux-
mêmes et de leur propre mouvement retranchées ou
non insérées en leurs cours, néantmoins pour déférer

au désir du synode ils sont consens, s'il en existe de
telles, qu'elles soient retranchées. Sur quoy du nombre de ce Conseil ont esté nommés : MM. Amyraut et
de Baujardin et du nombre des pasteurs ont esté priés
et requis : MM. de Vaussoudon, de la Faye et de Lespi-
nière, de voir et d'examiner les dits cours et y remarquer ce qu'ils estiment estre ou défectueux ou superflu
et en donner advis à ce Conseil, et aussi que pour la
mesme fin, il sera écrit à M. des Loges qui avoit été
choisi par le sus-dit synode de Baugé pour se trouver
en cette Compagnie, mais n'a pu s'y rencontrer, à
cause de ses affaires particulières, afin de le prier de
nous envoyer ses remarques et nous donner ses advis
et que de mesme on écrira à MM. Fleury et de la Taille,
pasteurs de l'église de Preuilly, de la part desquels fut
décidé ces remontrances être portées au dit synode par
M. de la Taille, pour les prier de nous communiquer
semblablement leurs remarques et observations sur les
dits cours, à cet effet que le tout y étant exactement
rapporté au conseil, il soit advisé de ce qui se debvra
rapporter au prochain synode de cette province pour
y estre ordonné ce qu'il jugera estre à propos. Quant
à ce que quelques-uns désireroient que les cours
entiers fussent retranchés et que les seuls compends
des quatre parties de la philosophie fussent enseignés
de vive voix sans dicter, ha esté répondu : 1º que cela
répugne à ce que nous disons du retranchement des
seules questions qu'on prétend estre superflues, par où
les aultres sont par conséquent approuvées; 2º que cela
incommoderoit par trop les professeurs qui, estant obligés d'enseigner quatre heures par jour, ne pourroient
sans grandement intéresser leur santé parler par cha-

que jour continuellement quattre heures, là où par les
dictats qu'ils donnent ils ont quelque relasche de ce
travail ; 3° que cela répugne à la prattique ordinaire
de toutes Académies, n'y ayant aucune où les professeurs soit de philosophie ou mesme de théologie ne
donnent des dictats tant pour leur soulagement, comme
il ha esté déjà dit, que pour le bien et utilité de leurs
auditeurs qui peuvent lire et relire leurs dictats en leur
maison en leur particulier et par là profiter en se
raffratchissant la mémoire de ce qui leur ha esté enseigné en l'eschole. Et pour ce que quelques-uns propo-
sent que les cours estant abrogés et les seuls compends
expliqués de vive voix, on pourroit employer à peu
près mesme temps à enseigner chaque partie de la philosophie, c'est-à-dire environ cinq mois à chacun des
quatre compends de logique, physique, éthique et
métaphysique, et ainsi parachever le cours entier de la
philosophie en l'espace de deux ans, ha esté 1° représenté que sans cela le cours entier de philosophie se
parachève icy dans l'espace de deux ans ; 2° que tous
les compends et parties de la philosophie ne sont pas
d'une mesme et égale amplitude, les matières qui y
sont contenues requérant les unes une plus grande, les
autres une plus briève explication, ce qui doibt être
remis à la prudence et discrétion de ceux qui enseignent. » ·

On le voit, les propositions des novateurs avaient été
repoussées dans ce qu'elles avaient d'essentiel, et, surtout, « la traditive d'Aristote » était officiellement maintenue ; mais il est à remarquer qu'on n'avait plus la
même foi entière en elle, puisque ce sont des raisons
d'ordre, de discipline, qui font décider en sa faveur.

Sous 'l'action ambiante d'un milieu contraire qui se forme, son autorité a perdu son caractère indiscutable, et il suffira qu'un professeur cartésien se présente et l'emporte par son talent, pour que, malgré la résistance entêtée qu'offrent toujours les représentants des vieilles doctrines, le cartésianisme s'installe avec lui dans l'Académie.

Ce professeur cartésien fut Jean-Robert Chouet. Il était né à Genève, en 1642, d'une famille d'origine française, qui était venue de Châtillon-sur-Seine s'établir en Suisse, un demi-siècle auparavant [1]. Brillant élève de Gaspard Wiss à Genève, qui lui annonça qu'il serait bientôt un maître, il était allé, en 1661, continuer ses études à Nismes sous la direction de Derodon. C'est alors, qu'ayant lu le *Discours de la méthode*, il se prit d'admiration pour Descartes et adopta ses idées. Il revint à Genève, étudia deux ans la théologie, mais sans goût. Il apprit qu'une chaire de philosophie à Saumur était vacante; c'était celui-là même qui la quittait, Gausson [2], qui l'en informait. Malgré son jeune âge, sachant devoir rencontrer quelque sympathie [3], il se décida à se présenter au concours dont elle devait être le prix. S'il avait su d'avance, raconte-t-il dans

1. Cf. *Vie de Jean-Robert Chouet*, professeur et magistrat genevois (1642-1731), par E. de Budé, Genève, Maurice Raymond et Cie 1899, ouvrage très riche en informations. Cf. aussi : Charles Borgeaud, *Histoire de l'Université de Genève*, 1900 in-4.

2. Gausson (Etienne), né à Nismes, fit ses études à Saumur. En 1661 il obtint dans l'Académie de cette ville après concours la chaire de philosophie, et, en 1664, celle de théologie, laissée vacante par la mort de Josué de la Place. Il imprima des thèses qui furent particulièrement estimées, dit-on, dans les Écoles de Hollande et d'Allemagne.

3. Son oncle Louis Tronchin avait étudié à Saumur et était professeur de théologie à l'Académie de Genève.

une de ses lettres, les difficultés de la lutte qu'il affrontait, il n'aurait jamais tenté une telle entreprise. Des deux concurrents qui s'opposaient à lui, l'un d'eux, Fornerot, qui avait pu juger de sa valeur à Genève, se retira, dès qu'il sut sa venue. Mais l'autre était redoutable. C'était un pasteur d'une province voisine de Saumur, la Saintonge, dont le parti était très influent. Il se nommait Pierre de Villemandy [1], était un ancien étudiant de l'Académie et avait la réputation d'être très ferré sur la vieille scholastique [2]. Chouet allait comme à un champ clos où, chevalier de Descartes, il avait à terrasser celui d'Aristote, dont la doctrine avait, dans l'esprit de la plupart des juges, le privilège de la possession.

Le concours fut long : il dura près de trois semaines. Il fut, dit Chouet [3], le plus rude et le plus acharné qu'ait encore vu l'Académie. Les deux champions se mesurèrent sur toutes les parties de la philosophie. La première épreuve fut une leçon sur « un texte pris du troisième livre de *la Physique d'Aristote*, au chapitre 1ᵉʳ du *De motu*, et un jour fut donné pour la préparation. La seconde et la troisième furent également des leçons sur des textes tirés, l'un, « de la morale d'Aristote, troisième livre de *l'Éthique à Nico-*

1. Originaire de La Rochefoucauld.

2. Cf. de Budé, *op. cit.*, p. 23 et 24. C'est à tort que Haag (*La France protestante*) le fait sortir de l'Académie de Montauban. Le témoignage de Chouet est précis.

3. De Budé, p. 27. Cf. plus haut, p. 50, note 1, concours de Hugues et de Limbourg. Nous empruntons les détails de ce concours soit aux lettres de Chouet données par M. de Budé, soit aux *Registres* de l'Académie, soit à certains documents, que nous mentionnerons, et qui sont conservés à la Bibliothèque nationale.

*maque,*chapitre 1er », l'autre « du premier livre des *Postérieures analytiques* d'Aristote, chapitre 7 », mais le
temps accordé à la préparation était plus long : il fut
respectivement pour chaque leçon de trois jours. Il y
eut alors une réunion du Conseil extraordinaire. Celui-
ci, sans doute perplexe, décida d'ajouter une quatrième leçon faite dans les mêmes conditions que les
précédentes et qui portait sur une question empruntée
« à la métaphysique d'Aristote : *An dentur substantiæ
immortales.* » Toujours perplexe, le Conseil ne jugea
pas cette quatrième épreuve décisive et crût devoir,
« pour s'informer encore plus particulièrement de la
suffisance des candidats », leur imposer une autre
leçon, toujours sur un texte d'Aristote, qui était em-
prunté, celui-ci, « au quatrième chapitre du deuxième
livre des *Éthiques* » ; mais les conditions de la préparation étaient autres : deux heures seulement étaient
accordées, et il fallait « n'avoir aide d'aucun livre que
du texte d'Aristote seulement. » Enfin le concours se
termina par des soutenances de thèses sur les quatre
parties de la philosophie, qui eurent lieu huit jours
plus tard, et qui occupèrent chaque candidat toute une
journée. Une telle prolongation du concours fut due,
sans doute, au désir que l'on avait de voir triompher
de Villemandy, qu'on espérait toujours voir l'emporter
enfin dans une épreuve. On raconte même que celui-ci,
ne voulant pas s'avouer vaincu, demanda à pouvoir se
mesurer encore avec son adversaire dans une lutte
dernière, qui consistait en ce que chacun des concurrents pût poser à l'autre diverses questions sur des
matières difficiles auxquelles il devait répondre sur le
champ. Mais Chouet fut encore le plus fort ; il ne fut

nullement embarrassé et embarrassa lui-même son
interlocuteur. Il se borna à deux ou trois questions,
entre autres à celle-ci : Pourquoi, dans l'arc-en-ciel, la
couleur rouge est-elle toujours en haut et la verte en
bas ? A ces questions la physique cartésienne donnait
une réponse, mais non la physique péripatéticienne, et
de Villemandy, qui ne connaissait que cette dernière,
dut s'avouer vaincu. Imprudemment, il avait fait donner la preuve de son insuffisance.

Comment, malgré la faveur acquise à de Villemandy,
Chouet avait-il pu l'emporter ? Il nous l'explique lui-
même dans une de ses lettres. « Dans la première leçon
je me gesnoy un peu, ne voulant rien dire contre l'opinion commune ni aussi contre mon sentiment ; mais
peu à peu j'accoustumoi mes auditeurs à ma façon de
philosopher, qu'ils ont ensuite trouvée fort excellente ;
surtout ils m'ont donné de grandes marques de la netteté qu'ils remarquoient dans mes conceptions, et de
la clarté et de la facilité de mes expressions. La première leçon que je rendis en public me gagna les
cœurs de toute la ville ; quantité de gens que je ne co-
gnoissois point me vinrent faire visite et m'en firent
compliment ; c'est que la matière estoit extrêmement
obscure d'elle-mesme, et M. de Villemandi estant
aussi naturellement ſ rt obscur et ayant fait le premier, il n'avoit presque pas esté intelligible : au lieu
que, m'estant étudié avec beaucoup de soin de rendre
ce sujet là clair et net, je fus écouté de mes auditeurs
avec plaisir : ce qui fit que messieurs les juges de la
ville, qui sont catholiques, eurent la curiosité de me
venir ouïr dans ma leçon suivante, et nous ayans ouïs
tous deux, ils dirent tout haut au Conseil académique,

devant tout l'auditoire, que j'estois préférable à mon
concurrent. Aussi M. le juge de la Prévauté voulut
opposer dans nos disputes ; il ouvrit la mienne avec
un compliment qu'il me fit. J'eus le bonheur de me
défaire assez facilement de tous les argumens que l'on
me proposa dès le matin jusques au soir, et de réussir
avec quelque applaudissement ; mais j'ose dire qu'il
n'en fut pas de mesme de mon concurrent, car tous
les opposans l'embarrassèrent, et il ne put se défaire
d'aucuns de mes arguments. Ces messieurs les juges
de la ville me donnèrent encore alors des marques
qu'ils trouvoyent quelque satisfaction en ma manière
d'argumenter, car ils me sollicitèrent d'opposer quand
je n'en avois plus le dessein et obligèrent des personnes fort considérables à se taire [1]. » C'était donc par
sa clarté et sa méthode, en mettant en pratique les
règles de Descartes, et en sachant utiliser ses théories,
que Chouet avait pu forcer l'approbation de ses juges
et l'emporter sur son adversaire, qui, malgré son érudition, ne savait se dégager de l'obscurité scholastique,
et n'avait à sa disposition que des principes d'explication insuffisants. Mais c'était aussi parce qu'il avait
trouvé un public favorable qui, heureux de voir exposer avec supériorité une doctrine qui lui était sympa-
thique, ne ménagea pas ses applaudissements, et n'hé-
sita pas à manifester en sa faveur. C'est ce public qui
avait décidé le choix du Conseil [2].

1. De Budé, p. 25 et 26. Cf. autre lettre, p. 36 et les relations
inédites.

2. « La chaire de philosophie lui fut adjugée par la voie publique
avant que le Conseil académique en eût rien déterminé. » *Relation
succincte et fidèle de la réception et de l'établissement de M. Chouet
dans l'Académie de Saumur*, adressée à M. de Ruvigny, le 11 octobre

Certains partisans de de Villemandy résistèrent cependant jusqu'à la fin. Le plus acharné était l'autre professeur de philosophie en titre, Jean Druet. « Il se porta contre moy avec quelque chaleur, dit Chouet dans la même lettre, jusque-là qu'il querella M. Gaussen à mon occasion et je ne pense pas qu'ils se soyent parlés depuis. » Chouet, malgré son succès, et à cause même de son succès, conservait donc des adversaires et ces adversaires n'étaient pas scrupuleux sur le choix des moyens à employer pour exercer leur hostilité, il s'en aperçut bientôt. Déjà, durant le cours de l'examen, de Villemandy avait obtenu d'un autre pasteur de Saintonge et fait circuler une lettre défavorable à Chouet, « où il étoit accusé d'un grand orgueil, d'avoir causé de graves désordres à Genève. » De plus, grâce à une certaine pression hypocrite, le jugement rendu, tout en étant élogieux pour Chouet, l'était aussi pour de Villemandy. Si celui-ci était représenté comme vaincu, on ajoutait, avec insistance, que c'était dans les conditions les plus honorables, et on décidait que la première chaire de philosophie vacante à l'Académie lui serait réservée. Il y avait là pour les partisans d'Aristote une planche de salut, et ils décidèrent, bientôt, de l'utiliser. Chouet était étranger, venait de Genève ; c'était une tare dangereuse qui, exploitée auprès du pouvoir royal, pouvait entraîner son exclusion de l'Académie. Celle-ci obtenue, de Villemandy obtenait de droit la place convoitée. En effet, quelques mois plus tard, une plainte calomnieuse était portée au roi contre le nouveau professeur, « comme ayant été établi dans l'Académie, quoique

1665. *Archives nationales*, TT. 266. De la Forge, dit-on, assistait à ce concours et applaudissait.

étranger, par brigues et monopoles, à l'exclusion de quantité de Français très habiles qui s'étoient présentés pour disputer la chaire de philosophie contre lui, auxquels il auroit été préféré, non pas à cause de son mérite, mais à la seule recommandation de l'Académie de Genève dont il est originaire [1]. » La dénonciation parut grave, et, bientôt, le roi donnait l'ordre au sénéchal de Saumur [2] de « s'informer particulièrement de cette affaire ». Mais Chouet avait eu le temps d'étendre encore les sympathies qu'il s'était conciliées dès son arrivée. Le sénéchal qui, dit-il, « lui faisoit l'honneur de l'aimer », fit une réponse qui lui était très favorable. En même temps, le Conseil de l'Académie, auquel Chouet avait porté plainte, mécontenté par de telles machinations, priait le député des Églises réformées auprès du roi, M. de Ruvigny, d'intervenir, et le recteur Beaujardin lui adressait une relation des examens, d'où toute bienveillance pour de Villemandy était exclue, et qui était, en même temps, un violent réquisitoire contre lui. Grâce à de tels appuis, Chouet eut gain de cause. Le sénéchal reçut de Charles Colbert, « maître des requêtes et intendant de la province », une lettre l'informant « que le professeur Chouet avoit gagné sa cause, qu'il continuast sa profession en philosophie sans crainte d'y estre troublé ». A partir de ce moment, la position de Chouet était forte. Il avait pour lui, non seulement l'« affection du public », mais la décision

1. *Registres.* 11 octobre 1665.

2. Il s'appelait Avril. Charles Colbert (frère du grand ministre), dans son rapport sur l'Anjou (1664) écrit : « Le sénéchal de Saumur s'appelle le sieur Avril, homme de mérite, d'une intégrité connue, bon serviteur du roy, très habile, homme de cœur... » *Archives d'Anjou,* publiées par Marchegay, p. 137.

royale. L'animosité jalouse de ses ennemis dut s'assour-
dir et leur colère se tourna contre ses amis. Gaussen,
son prédécesseur, devenu professeur de théologie, qui
l'avait appelé de Genève et qui, pendant le concours,
lui avait été franchement favorable, devint le coupable.
Une cabale fut montée contre lui et il fallut l'intervention du Sénat académique pour qu'elle prît fin [1].

Chouet, dans son enseignement à Saumur, eut un
grand succès. Il avoue lui-même modestement « qu'il
y enseignoit avec quelque approbation », et l'Académie
crut devoir lui en donner témoignage quand elle lui
accorda, avec regret, son congé pour Genève. On lit,
en effet, dans le compte rendu de la séance du Conseil du 17 juin 1669 « M. Chouet, professeur en philosophie, ayant esté demandé par messieurs les ministres
et professeurs de Genève, pour exercer la profession
en philosophie parmi eux, la Compagnie voyant de
quelle importance il estoit de perdre un personnage
qui nous a tous édifiés extrêmement par sa piété et
par sa conduite, et dont la grande capacité, jointe à
une merveilleuse dextérité qu'il a à enseigner, a fait
fleurir extraordinairement nostre Académie et nous a
attiré grand nombre d'escholiers de toutes les provinces de ce royaume, a estimé qu'il falloit faire toutes
les instances imaginables pour l'obliger à ne se retirer
pas de cette Académie ; ce qui aussi a esté exécuté.
Mais, après avoir ouï le dit sieur Chouet en tout ce
qu'il a représenté là-dessus, et après avoir examiné
meurement toutes choses, il a esté jugé qu'il y avoit
de la nécessité à luy accorder sa liberté. Ce qu'elle a

---

1. Cf. de Budé, p. 41.

fait par cet acte quoique avec un très sensible déplaisir, croyant que la perte que nous faisions en cette occasion estoit irréparable et qu'il nous seroit comme impossible de remplir dignement sa place. »

En 1667, les thèses de ses élèves furent publiées à Saumur, mais le volume en est introuvable. Nous sommes réduits, pour connaître les caractères de son esprit et de sa doctrine, à nous contenter de quelques rares indications éparses dans ses lettres et le registre de l'Académie, et à nous appuyer sur les renseignements plus précis qui ont été donnés sur ce qu'il fut à Genève. C'est en 1669, au bout de cinq ans, qu'il revint dans son pays et le caractère spécial qu'il imprima bientôt à ses travaux et à ses occupations permet de croire qu'il ne modifia pas ses idées.

Plus que certains cartésiens, mais d'accord en cela avec son ami de la Forge [1], il fuit les questions de théologie. C'était un reproche, nous l'avons vu, qu'on faisait déjà au concurrent de de Villemandy et ses dispositions ne changèrent pas. Quand il arrive à Genève, on veut l'obliger de signer une profession de foi religieuse, il s'y refuse énergiquement : « 1° parce qu'étant simplement philosophe, il ne mettoit pas dans ses traittés de ces sortes de matières et partant prioit la Compagnie de ne l'obliger pas à se prononcer sur une

---

1. Cette amitié s'était établie aussitôt l'arrivée de Chouet à Saumur. Dès le 22 novembre 1661, il écrit en effet : « J'ay encore fait une cognoissance que j'estime infiniment avec un habile médecin catholique, qui s'appelle M. de la Forge, qui est grand philosophe et qui sait admirablement bien la philosophie de M. Descartes, jusque-là qu'il a fait imprimer divers traités sur cette philosophie. » De Budé, *op. cit.*, p. 30. De la Forge mourut en 1666. Il avait publié le *Traité de l'homme* de Descartes en 1664 (avril).

chose qui ne doit se traitter que dans l'eschole parmi
les théologiens ; 2° qu'il ne s'étoit jamais assez appliqué à cette question pour pouvoir prendre parti et se
déterminer à l'une ou à l'autre des opinions [1]. » Amené
par un correspondant à apprécier une réponse faite par
un auteur au livre du Père Valois [2], il se contente de
critiquer cette réponse, en mettant en relief les con-
tradictions que l'argumentation donnée renferme ;
mais il ne cherche pas à donner une solution, et il
conclut : « Il me semble, monsieur, que cela suffit
pour faire voir que la transsubstantiation est une
chose inexplicable par la raison, de quelle philosophie
qu'on veuille se servir pour cela ; et l'autheur du petit
livret, aussi bien que ses amis feront mieux, à mon
avis, de s'en tenir à leur ancienne tradition, comme il
dit luy-mesme, page 34, sans se donner la peine de
chercher du secours où ils n'en sauroyent jamais trouver [3]. » Pour toutes les questions qui regardent la
nature, il ne doit jamais être fait appel, selon lui,
qu'à la raison ; la Bible n'a pas à intervenir. Comme
il s'agit, pour elle, de faire des hommes pieux, tout
entiers à la préparation de leur salut, et non des
physiciens ou des astronomes, elle est tenue de prendre le langage usuel, de s'accommoder à l'intelligence
des foules ; elle décrit les choses telles qu'elles appa-

1. De Budé, *op. cit.*, 76. — Il s'agissait d'un règlement fait à
Genève, en 1649, condamnant les opinions d'Amyraut et de de la
Place, sur la grâce universelle et la non imputation du premier
péché d'Adam.

2. *Les sentiments de M. Descartes touchant l'essence et les proprié-
tés des corps opposés à la doctrine de l'Église et conformes aux
erreurs de Calvin sur le sujet de l'Eucharistie.* Paris, 1680, in-12.

3. De Budé, *op. cit.*, p. 152.

raissent à nos yeux, non telles qu'elles sont en
réalité [1].

Son cartésianisme se présente comme assez ortho-
doxe. Pour désigner la philosophie de Descartes, il
dit souvent, lui aussi, « la véritable philosophie». Il a
de la volonté divine la même conception que le maître, rattache directement l'univers à elle, et montre
que c'est parce que l'action de Dieu est partout, qu'il
est immense ; mais il ajoute, ce qui pouvait avoir de
grandes conséquences, que là où se trouve l'action
d'un esprit se trouve aussi son essence. Avec de
la Forge, il ne voit dans l'union de l'âme et du corps
qu'une liaison de pensées et de mouvements établie
et maintenue par Dieu, et réduit leur causalité à une
causalité occasionnelle [2]. La métaphysique le préoccu-
pait peu ; la logique et la physique, surtout, le rete-
naient davantage. Son cours de métaphysique, à Genève, ne comprenait que 49 pages, tandis que ceux de
logique et de physique en comprenaient, le premier
218, et le second 505. En physique, disciple fidèle, il
s'attachait principalement à étendre les explications
du maître aux différents phénomènes particuliers, se
rapprochant de Rohault, dont il se préoccupera de faire
connaître le livre à Genève, aussitôt son apparition.
Déjà, à Saumur, suivant en cela l'exemple de de la
Forge, il faisait des expériences [3]. A Genève, il conti-

1. Il se rapprochait ainsi de Coccejus qui soutenait que dans l'Écriture tout est symbole et figure. Seulement il s'en tenait à la sépara-
tion des deux domaines de la religion et de la philosophie. A Genève,
une certaine prudence s'imposait. Cf. dans l'appendice : Lettre de
Chouet au proposant Sarrazin.

2. Cf. appendice. Lettre de Chouet au proposant Sarrazin et de
Budé op. cit., Chap, V.

3. « L'autre chose est que nous eusmes hier ici M. Lullin ; je lui

nua une telle pratique. « Il fait tous les mercredis, raconte Bayle dans ses *Nouvelles de la République des Lettres,* des expériences fort curieuses, où il va beaucoup de monde, c'est le génie du siècle et la méthode des philosophes modernes. Il en a fait de fort exactes touchant le venin des vipères, qui est matière sur laquelle les philosophes d'Italie et ceux de France sont partagés... Celles que M. Chouet a faites sur des pigeons, des chats et des poulets qu'il a fait mordre à des vipères irritées sont beaucoup plus favorables aux Italiens qu'aux Français. Il a fait aussi l'expérience de l'argent vif, du siphon, du thermomètre, de l'éolypile, des larmes de Hollande et plusieurs autres et se prépare au premier jour à faire celle de l'aimant. Il est allé même sur des montagnes qui sont à quatre ou cinq lieues de Genève pour y faire l'expérience de l'argent vif [1]. » Il suivait également les expériences faites par les autres, et, au besoin, les faisait connaître au monde savant [2]. Il repousse les innovations de Cordemoy dans la conception des corps, condamne l'atomisme et proclame la continuité et l'infinité de la matière. Toutefois, précisant certaines idées de Descartes, il distingue dans cette continuité des individualités véritables, qui, si elles n'ont pas leur principe en elles-mêmes, l'ont dans

fis toutes les civilités possibles, comme aussi j'en receus beaucoup de sa part ; il voulut assister à quelques expériences que je fis après disné, dans ma chambre, devant une bonne partie de l'Académie, et il eut la bonté de me tesmoigner qu'il en étoit satisfait. » De Budé, *op. cit.,* 61.

1 De Budé, *op. cit.,* p. 81.

2. Cf. dans Bayle, *Nouvelles de la République des Lettres* : Extrait d'une « lettre de M. Chouet, professeur de philosophie à Genève, écrite à l'auteur de ces *Nouvelles* le troisième du mois passé, touchant un phénomène céleste » 1684.

l'immutabilité de la volonté divine. Un corps, tout en étant étendu, reste indivisible en tant que substance, « parce que Dieu a voulu qu'un seul corps fût un », et Dieu lui-même ne divisera pas ce corps, « parce que ce second vouloir détruiroit le premier », et « le pouvoir de Dieu n'en est pas plus limité que quand nous asseurons que nous ne saurions concevoir qu'il puisse faire un cercle quarré [1]. »

Il semble que ce soit surtout comme professeur que ce grand cartésien, comme l'appelle Bayle [2], qui fut son élève, se soit distingué et ait attiré l'attention. Le rapport du Conseil académique de Saumur sur le concours de 1664 note qu'il l'a surtout emporté « parce qu'il estoit plus didactique » que son adversaire, et, dans la délibération relative à son départ, il est parlé « de sa merveilleuse dextérité à enseigner. » A Genève il eut le même succès. « Personne, dit un de ses auditeurs, Jacob Vernet, n'a mieux entendu que lui l'art d'enseigner et de faire aimer ce qu'il enseignoit. Personne n'a mieux fait sentir ce qu'est la raison bien dirigée, soit par une grande retenue à ne poser que des principes évidents, soit en prenant soin de définir exactement les termes, soit par une adresse inimitable à déduire les idées immédiatement l'une de l'autre et à marcher pas à pas le flambeau à la main. Il faisoit entrer la lumière dans les esprits, et souvent la simple manière de poser sa thèse lui tenait déjà lieu de preuve,

---

1. Cf. de Budé, *op. cit.*, p. 146.

2. « Genève est une ville qui a toujours eu d'habiles gens, et qui en est aujourd'hui fournie autant et plus qu'elle l'ait jamais été. M. Chouet, grand cartésien, y est professeur en philosophie avec beaucoup d'applaudissement. » Cité par de Budé, *op. cit.*, 135, cf. *id.*, p. 80.

tant ses idées étaient claires et avaient une proportion
naturelle avec l'entendement humain [1]. » Non seulement il était un professeur merveilleux, mais de plus,
ce qui ajoutait à son succès, il savait, par sa délicatesse
et son amabilité, forcer autour de lui la sympathie et
l'amitié. Dès son arrivée à Saumur, un de ses juges,
d'Huisseau, au début favorable à son adversaire, écrivait à son oncle : « c'est une espèce de prodige de
voir une connoissance si particulière des belles lettres
en un tel âge, et tant de belles qualités qui le font
aimer de chacun [2]. » S'il hésite à se rendre à Genève,
c'est « que ce ne seroit qu'avec une horrible peine qu'il
quitteroit tant d'honnestes ge᷅s qui, dans Saumur et
les provinces voisines, lui font la grâce de l'aimer [3]. »
L'attachement de ses élèves ne pouvait être que pro-
fond. Plusieurs de ceux de Saumur le suivirent dans sa
nouvelle résidence et, plus tard, ce fut une véritable
correspondance qu'il entretint avec certains d'entre
eux qui, séparés de leur maître, mais vivant toujours
de sa pensée, éprouvaient le besoin de rester en communication avec lui. Sa réputation de bienveillance
était telle que même des inconnus ne craignaient pas
de s'adresser à lui et de lui demander des éclaircis-
sements sur certaines questions philosophiques. Il ne
montrait de l'hostilité que contre les scholastiques,
« qui, selon lui, recherchent non la nature des choses,
mais la pensée d'Aristote. » Il les combattit ouvertement à Genève, il dut déjà les combattre ouvertement à
Saumur, où il rencontrait, d'ailleurs, des auxiliaires et

1. De Budé, op. cit., p. 78.
2. Id., p. 22.
3. id., p. 51, cf. p. 51.

où la voie était préparée. Devant son succès, comme devant la sympathie qu'il inspirait, un Druet ne pouvait que se laisser ignorer et attendre, une rivalité de sa part ne pouvait être qu'impuissante.

Considérable à Genève, les historiens de cette ville l'ont établi, l'action de Chouet dut l'être aussi à Saumur ; elle dut même y être d'autant plus grande que le milieu lui était favorable, et qu'il put y développer ses idées avec une liberté qu'il ne rencontra pas dans sa patrie. Elle put y être plus cartésienne, il n'avait eu à souscrire à aucun formulaire [1]. On peut même remarquer que cette action ne se limita pas à la philosophie, qu'elle s'étendit aussi à la théologie. Personnellement, nous l'avons dit, Chouet se tenait à l'écart des controverses relatives au dogme ; en Génevois averti et en vrai cartésien, il gardait, sur de telles questions, une prudence sage ; il y avait là un domaine dans lequel, ouvertement du moins, il ne voulait pas s'aventurer. Mais, parmi les points discutés de sa religion, il y en avait qui se rattachaient à la philosophie, et sur lesquels la philosophie nouvelle pouvait jeter quelque lumière, et ces points, Chouet les examinait sans croire sortir de ses attributions. C'est ainsi que, dans sa correspondance avec le proposant Sarrazin, on le voit se refuser d'une façon catégorique d'essayer d'éclaircir des difficultés relatives au mystère de la Trinité et, en même temps, développer avec satisfaction une conception, qui lui semble seule vraie, de la présence de Dieu dans le monde [2]. Il se trouvait ainsi avoir avec ses collègues de théologie un terrain commun de discussion

---

1. Cf. Charles Borgeaud : *Histoire de l'Université de Genève.*
2. Cf. Appendice. Lettre de Chouet au proposant Sarrazin.

qui rendait possible une influence de sa part sur leurs
esprits; et cette influence dut être réelle, si on considère
qu'il s'imposait à tous et par l'autorité du savoir et
par celle de l'amitié. Ainsi s'expliquerait, semble-t-il,.
l'importante transformation, qui, à l'époque même du
séjour de Chouet à Saumur, s'opéra dans les conceptions théologiques de l'Académie, leur évolution vers
un libéralisme qui distançait de beaucoup celui d'un
Amyraut.

Jusqu'alors, en effet, le libéralisme qui était de tradition dans cette Académie, depuis Cameron, qui y avait
importé l'Arminianisme, s'était toujours montré très res-
pectueux des dogmes établis, ce qui lui donnait un caractère à la fois indécis et étriqué; on cherchait à rendre ces
dogmes plus humains sans en atténuer la rigidité. Avec
les contemporains de Chouet : Pajon et d'Huisseau [1],.
la pensée religieuse s'affranchit de toute entrave, on ne
respecte plus aucune orthodoxie, on devient révolutionnaire. Un Jurieu sera épouvanté et poussera, un des
premiers, le cri d'alarme. Or, Pajon, sans doute, avant
son arrivée à Saumur, s'était déjà distingué par une
hardiesse de vues telle qu'on apporta des obstacles à
son installation comme professeur, mais ses conceptions
théologiques connues ont tant d'analogie avec le cartésianisme, qu'on ne peut, semble-t-il, refuser d'admettre qu'elles en aient été inspirées. L'intelligence de
l'homme est bornée, disait Descartes, et la certitude
qu'il acquiert est l'œuvre de sa volonté, que rien ne
contraint, qui est libre. La volonté, dit le théologien de
Saumur, ne subit pas l'action de la grâce, elle reste

---

1. Pajon fut professeur à l'Académie de décembre 1665 à août 1667..
D'Huisseau était recteur de l'Académie en 1666.

toujours maîtresse d'elle-même, c'est indirectement, par l'intermédiaire de notre intelligence qui, obscurcie, peut recevoir des lumières au contact des livres saints, qu'une intervention divine se produit en nous, et c'est de l'assentiment libre à une telle lumière que notre régénération dépend. Dieu n'opère que pour remédier à cette limitation de notre connaissance devant laquelle, modestement, s'inclinait l'auteur des *Méditations*. Qu'on remarque, de plus, que Pajon était l'ami de Chouet et qu'il avouait « faire déjà ses délices » du livre de d'Huisseau, avant même qu'il fût publié.

Très probable sur Pajon, l'influence cartésienne est incontestable sur d'Huisseau. En 1666 encore, dans sa *Discipline des Églises réformées de France* ce dernier écrivait : « Il faut qu'en nos personnes, tous ces règlements deviennent des exemples et que cette discipline, qui est morte sur le papier, paroisse vivante et agissante dans nos mœurs. » Quelques années plus tard, en 1670, sa transformation est si grande qu'il est accusé d'avoir publié un livre intitulé : *La Réunion du christianisme ou la manière de rejoindre tous les chrétiens sous une seule confession de foy* [1], dans lequel cette même discipline est condamnée, au nom même du cartésianisme. « On a proposé, y lit-on, depuis quelque temps dans la philosophie, un moyen de bien raisonner et de faire de sûres démarches vers la vérité. On tient que pour cela, il se faut absolument détacher de toutes opinions préconçues. Ne pouvons-nous pas imiter ce procédé dans la religion ? Ne pouvons-nous pas laisser à part pour un tems toutes les opinions que nous défendions auparavant avec tant de chaleur,

1. Saumur, René Péan, 1670, in-12.

pour les examiner après avec liberté et sans aucune passion, nous tenant toujours à notre principe commun
qui est l'Écriture sainte. » Et, appliquant à la religion
le doute hypothétique, l'auteur veut que l'on ne conserve comme vérités fondamentales, dont la connaissance et la pratique importent au salut, que celles que
les Livres saints nous donnent manifestement, que
celles contenues dans le symbole des Apôtres. Là est
le roc sur lequel, d'après lui, on doit bâtir. Peu importe l'édifice construit sur lui par la tradition, celui-
ci ne vaut que par sa fondation, c'est d'elle qu'il tient
toute sa valeur. Dès lors, pourquoi toutes les Églises,
au lieu de se quereller pour des dogmes, qui sont
des superfétations, ne communieraient-elles pas dans
leur origine qui est une ? Pourquoi ne pas faire table
rase de toute Église visible ? Et de telles idées, il
faut le remarquer, ne sortaient pas de réflexions iso-
lées ; elles résultaient bien d'une certaine action ambiante, puisqu'elles avaient l'assentiment de l'Académie et la faveur des étudiants. Si Pajon fut déposé
sur l'intervention des synodes, ce fut malgré de nombreuses et pressantes démarches faites en sa faveur
par le Conseil académique [1], et les étudiants, rappor-
te-t-on, affichaient comme maxime, « qu'un habile
homme doit examiner sans préjugé et sans aucune passion toutes les Religions, afin de juger lui-même, in-
dépendamment de l'autorité de qui que ce soit, quelle
est la meilleure. » On ne pouvait être théologique-
ment plus cartésien. Étouffé à l'Académie de Saumur
par des mesures de rigueur, un tel mouvement se continua au dehors, en France, d'abord, et, ensuite, à l'étran-

---

1. Chouet faisait partie des députations.

ger. Il fut, d'après les historiens du protestantisme, d'une importance capitale dans le développement interne de cette religion [1].

Le passage de Chouet à l'Académie de Saumur eut donc de grandes conséquences. Son enseignement avait trouvé un écho que ne rencontraient pas dans leurs « assemblées » restreintes les autres cartésiens. Il avait eu un auditoire cosmopolite et les adhérents qu'il avait recrutés au cartésianisme avaient fait connaître cette philosophie au loin. De plus, en agissant indirectement sur les idées théologiques de son entourage, il se trouva préparer un mouvement de la plus grande importance dans l'histoire des idées. Toutefois, il ne faut pas oublier que, s'il put s'imposer comme professeur, ce fut grâce au milieu favorable et bienveillant que cette petite ville de France, à laquelle il était si attaché, lui offrit d'abord.

1. Cf. Frank Puaux. *Les Précurseurs de la tolérance au XVII⁰ siècle.* Dôle, 1880.

CHAPITRE V

DE VILLEMANDY, SON ÉCLECTISME

Le successeur de Chouet fut son ancien concurrent :
de Villemandy ; mais la dévolution de la chaire ne se fit
pas sans quelques difficultés et sans troubles à l'Académie. La place lui était due, semble-t-il, puisqu'il
lui avait été promis, nous l'avons vu, qu'à la première
vacance, ce serait lui qui serait appelé. Seulement, d'après
certaines narrations du concours [1], cette promesse lui
avait été faite à titre de consolation. Il y avait quelque
honte, avait-il fait humblement observer, et jugea-t-on,
qu'un pasteur en exercice, déjà d'un certain âge, ait
pu être vaincu par un jeune homme de vingt-deux
ans ; il fallait rendre cette défaite honorable le plus
possible, et ses partisans purent ainsi obtenir pour lui
des appréciations publiques qui transformèrent son
échec en un demi-succès, et lui permirent, ce que
son amour-propre demandait, de garder auprès de
ses amis et de ses fidèles toute sa considération. Mais

1. L'une est du recteur Beaujardin et est adressée au marquis de
Ruvigny député des protestants auprès du roi. L'autre est sans dési-
gnation d'auteur, mais certaines indications qu'elle comprend permettent de l'attribuer sans hésitation à M. de Houmont, avocat du roi à
Saumur et membre du Conseil académique.

il était entendu tacitement qu'il n'y avait là aucun
engagement décisif de l'Académie, et que de Villemandy n'aurait pas à s'en prévaloir plus tard. En vain
les adversaires de de Villemandy firent-ils observer qu'une telle restriction était officiellement sans
valeur, que l'Académie ne conservait plus la liberté de
son choix pour l'avenir, ils n'avaient pu réussir à faire
naître une défiance suffisante et leur protestation fut
sans effet. Quelques mois plus tard, nous l'avons vu, le
Conseil de l'Académie avait eu à se repentir de sa bienveillance facile, et, au départ de Chouet, de Villemandy
ne craignit pas encore d'en faire usage, et, cette fois,
réussit. Des intrigues et querelles particulières, qui
semblent intervenir souvent dans l'histoire de l'Académie, lui vinrent, d'ailleurs, en aide. Chouet s'était ouvert
de ses projets de départ à un des membres du Conseil académique, le pasteur d'Huisseau. Celui-ci, son-
geant aussitôt à son fils, lui avait fait abandonner ses
études de théologie pour lui faire étudier la philosophie sous Chouet, dont il devenait ainsi le successeur
préféré. Mais ce jeune homme tomba malade de la
poitrine. Chouet, frappé à son tour de la même mala-
die, dut chercher un remplaçant qui fut un autre étudiant en théologie, nommé d'Hautecour, neveu de M. de
Haumont, avocat du roi à Saumur. Ce dernier, très intel-
ligent, réussit dans son emploi provisoire, eut même du
succès, et c'était lui, désormais, qui se trouvait désigné
aux suffrages du Conseil académique pour remplacer
Chouet. L'amour-propre jaloux de d'Huisseau en fut
froissé, il ne voulut pas accepter que son fils pût être
supplanté par un de ses condisciples, il informa de Villemandy, organisa en sa faveur une vraie cabale et réus-

sit à lui faire attribuer, sans concours, la chaire vacante, en invoquant l'engagement', pris autrefois par « la Compagnie. » Il y eut des résistances énergiques, les anciens partis se reformèrent. Gaussen, l'adversaire de de Villemandy, protesta énergiquement devant le Conseil, n'admettant aucune raison. D'Hautecour réclama avec insistance, sous toutes les formes, qu'il y eût un concours, qu'il lui fût permis de disputer publiquement la place convoitée. La nomination fut même dénoncée comme irrégulière au synode du Mans, et ce synode fit savoir au Conseil académique qu'il y avait des règlements auxquels il devait se soumettre. Mais les partisans de de Villemandy furent les plus forts. A leur instigation, le Conseil académique refusa d'accepter, les jugeant mal fondés, les avertissements du synode, et, bientôt, profitant d'une recommandation pressante en faveur de de Villemandy faite par le gouverneur de Saumur, M. de Comminges, il l'installa définitivement dans sa chaire. Il devait l'occuper jusqu'en 1883, mais non sans tribulations, comme nous allons le voir.

Il rencontra, d'abord, de l'hostilité parmi les élèves. Un certain nombre avait suivi Chouet à Genève, et, parmi ceux qui restèrent, il y en eut plusieurs qui refusèrent d'accepter sa direction intellectuelle, et d'assister à ses classes. Le Conseil académique intervint, menaça, ce fut sans résultat ; il dut recourir, dans l'intérêt des professeurs, aux plus grandes rigueurs : onze élèves furent exclus définitivement à deux reprises [1], et des plaintes furent adressées à l'oncle de d'Hautecour au sujet de son neveu qui, acceptant des élèves de philosophie en leçons particulières, chez lui,.

1. Cf. Registres. Délibérations des 19 janvier, 7 mars, 6 juin 1670.

faisait ainsi une concurrence jugée dangereuse aux
professeurs ordinaires.Et cette hostilité s'étendit même
à l'autre professeur de philosophie,l'ancien adversaire
de Chouet et partisan de de Villemandy, Druet. Lui
aussi se vit abandonné par quelques-uns de ses élèves,
ce qui permet de croire qu'une question de doctrine
intervenait dans la querelle. C'était contre l'ancienne
scholastique qu'on manifestait et qu'on se défendait ;
mais les adversaires du cartésianisme, ayant cette fois
l'appui officiel, l'emportèrent facilement.

Ce fut avec d'autres difficultés beaucoup plus graves que de Villemandy se trouva, plus tard, aux prises [1].
Il y avait eu, en 1670, un arrêt du Conseil d'État qui,
reprenant un article de l'édit de Nantes, interdisait
aux protestants la publication de tout livre « sans
autorisation du ministre et permission du magistrat »,
et dix ans plus tard (août 1679 et 25 janvier 1681),de
nouveaux arrêts avaient encore rendu plus rigoureuse
cette contrainte en l'étendant « à l'exposition de tout
dogme en public, imprimé ou non, et obligeant les
professeurs et ministres protestants à se distinguer dans
leurs thèses publiques de celles de la religion catholique et pour cela d'y ajouter les noms des professeurs
avec ces mots de la R. P. R. » Il y avait là une gêne
à laquelle de Villemandy, avec « son humeur chica-

---

1. Nous avons consulté, outre les registres de l'Académie, un certain nombre de documents se rapportant à ces affaires qui se trouvent
à la Bibliothèque nationale TT. 266. Ce sont : *Lettre de M. du Tertre
du Petit Bois, lieutenant particulier à Saumur, à Monseigneur, au
sujet de thèses soutenues dans le Temple. Programme des thèses.
Procès-verbal dressé par le sieur du Tertre. Procès-verbal du synode
de Sorges par Charles de Beaumont d'Autichamp, lieutenant du roy
à Angers*, et diverses autres pièces de moindre importance. Nous les
donnons en partie dans l'appendice.

neuse » [1], ne sut pas se plier. Dès 1681 (octobre),
n'ayant pu obtenir à temps du lieutenant du roi le
permis d'imprimer pour les thèses que devaient sou-
'tenir ses étudiants en vue d'obtenir le grade de maistres ès-arts, il les avait affichées manuscrites dans le
lieu de soutenance, qui était le temple, négligeant de
remplir les formalités prescrites. Mais le lieutenant
du roi, informé de la chose, s'était transporté à la soutenance, avait constaté officiellement un délit et fait
un rapport à ce sujet, n'acceptant qu'avec peine les
excuses données par de Villemandy, à savoir : que la
date de l'examen ne pouvait être remise, et que ses
demandes, faites régulièrement, étaient restées sans
réponse ferme et précise. La seconde affaire fut beaucoup plus grave pour lui. Il venait de publier un *Traité
de Philosophie* [2], sans se soumettre ni aux formalités
exigées par les règlements de sa religion [3], ni à celles

1. Expression de M. de Haumont dans sa relation.

2. Il avait pour titre : *Philosophiæ veteris et novæ Parallelismus*.
Une 1re partie avait paru antérieurement à Saumur; elle portait pour
titre : *Manuductio ad Philosophiam Aristoteleam, Epicuream et
cartesianam*, Authore Petro de Villemandy, Philosophiæ in Academia Salmuriensi Professore. Salmurii, apud Henricum Desbordes,
MDCLXXVIII, in-4, 94 p. sans préface, ni dédicace. D'après le père
Perrée, l'ouvrage comprenait deux autres parties constituant une logique entière. Nous n'avons pu nous les procurer.

3. Il l'avait présenté au synode d'Anjou à Bellesme (juillet 1679) qui
ordonna « qu'il le donneroit aux examinateurs des livres de cette
province qui en feront leur rapport au prochain synode et cependant
elle exhorte le dit Sr de Villemandi de ne mesler point de questions
de théologie dans cet ouvrage autres que celles dont y ne peut se
dispenser » (*Arch. nat.* TT. 267 liasse XVI). Le conseil n'avait pas été
suivi. Amyraut et Cappel, dont les opinions étaient critiquées, conser-
vaient certainement des défenseurs et de Villemandy devait craindre
de les avoir pour juges. Au synode de Sorges on lui réitéra la même
exhortation.

imposées par le gouvernement ; il n'avait ni l'approbation des examinateurs protestants, ni celle des représentants du roi. Ses ennemis qui, sans doute, veillaient,
profitèrent de l'occasion. Un pasteur de Loudun, des
Loges, le dénonça au synode tenu à Saumur [1], et de
Villemandy fut appelé pour se défendre. En même
temps, à ce synode se présentait le lieutenant du roi,
qui demandait le livre, constatait publiquement qu'il
avait été imprimé sans privilège royal, et en dehors de
toutes les conditions exigées. Si de Villemandy put pro-
tester de son orthodoxie religieuse, il se défendit mal et
disculpa maladroitement son Académie devant le lieutenant du roi : il prétendit que son livre avait été imprimé malgré lui, et que le Conseil académique n'avait
aucune connaissance des idées qui y étaient dévelop-
pées, ces idées étant différentes de celles de son enseignement [2]. Ce qui aggravait son cas, c'est que, dans
plusieurs passages, il attaquait directement le catholicisme, ainsi qu'un père oratorien d'Angers, dans un
examen par ordre, l'avait signalé [3]. Quelques mois plus
tard, il recevait une interdiction d'enseigner en France.
Toutes les démarches qu'il entreprit furent inutiles.

1. D'Huisseau (voir *Registres*, 21 août 1655) s'était opposé à la nomination de ce pasteur des Loges à une chaire de théologie et de Villemandy était le protégé de d'Huisseau.

2. En 1679. Il y avait eu une affaire analogue au sujet de thèses de
théologie soutenues sous la présidence de de Brais professeur en théologie. Cf. *Archives nationales*, TT. 266. V.

3. Certificat de J. Perrée, prêtre de l'Oratoire, pour attester que
l'ouvrage intitulé *Philosophiæ veteris et novæ parallelismus*, Amsterdam 1679, que lui a mis entre les mains M. d'Autichamp, lieutenant
pour le roy à Angers, est un ouvrage hérétique. Bibliothèque de la
société de l'histoire du protest. français. Mss. *Recueil Anjou, Berry,
Maine, Orléanais, Touraine*, p. 122. Cf. Appendice.

Bientôt, il quittait Saumur pour la Hollande, et devenait recteur du collège vallon, à Leyde.

Quelles que fussent les mésaventures que de Villemandy eut à Saumur, mésaventures qui semblent en partie imputables à son caractère difficile, on ne saurait, cependant, lui refuser toute valeur. C'était surtout comme professeur, dans l'art d'exposer ses idées, d'enseigner, qu'il devait paraître inférieur. C'est ce qui semble ressortir des appréciations diverses, dont il fut l'objet à l'occasion de son concours avec Chouet [1], et aussi du témoignage que lui donna l'Académie à son départ. Dans ce témoignage on rappelle son « érudition », on signale « la probité de ses mœurs, l'affection, la diligence, qu'il a fait paroître dans l'exercice de sa charge », seulement, on ne fait aucune allusion au succès de son enseignement, comme on le fit avec insistance pour Chouet. La désertion de ses cours indique, d'ailleurs, qu'il ne savait pas provoquer l'intérêt de ses élèves, ni éveiller leur attention, ni s'attirer leur sympathie. Mais, au point de vue philosophique, il n'était pas sans quelque mérite. Il publia plus tard des volumes qui furent remarqués par ses contemporains. Bayle signale et analyse son *Traité des causes secondes* (Leyde, 1686, in-12) [2], et le compte rendu de

---

1. Notamment celle-ci du recteur Beaujardin dans sa relation à M. de Ruvigny. « Par cet acte l'Académie s'estoit liée les mains et avoit adjugé la profession de philosophie à une personne estimée par la plupart peu propre à enseigner en public la jeunesse, quelque savoir qu'il peust avoir d'ailleurs. » Cf. plus haut p. 86.

2. *Nouvelles de la République des lettres. Œuvres complètes,* I, 622. Le P. André (Vie de Malebranche) est moins favorable « Quoique ni M. de Villemandi par ses vieux préjugés qu'il prenoit pour autant d'articles de foi, ni M. de Fontenelle par son style badin... ne prou-

son *Scepticismus debellatus*,.. (Leyde, 1697, in-4°), dans
le *Journal des Savants* (février 1697), contient des éloges [1]. L'ouvrage qu'il publia à Saumur : *Manuductio
ad philosophiam Aristoteleam, Epicuream et Cartesianam*, manifeste une certaine indépendance et pénétration d'esprit, en même temps qu'une richesse de connaissances assez grande. Il a, de plus, l'avantage de nous
révéler chez le « vieux péripatéticien » qu'avait connu
Chouet, un changement de doctrine qui prouve une
intelligence en éveil, et qui est tout à son honneur. Son
insuccès, sans doute, lui avait fait sentir que la philosophie s'était transformée. Il avait étudié les idées
nouvelles et, s'il ne les avait pas définitivement adop-
tées, il avait su les apprécier et distinguer en elles des
vérités à retenir ; il était devenu éclectique. Le départ
de Chouet de Saumur avait enlevé au cartésianisme
un de ses foyers, mais ce n'était que bien imparfaite-
ment au profit de la vieille scholastique. En quoi consistait cet éclectisme ?

De Villemandy distingue quatre systèmes principaux
de philosophie (p. 72) : L'Aristotélisme, l'Épicurisme,
le Cartésianisme et l'Éclectisme. Sévère pour les deux
premiers, surtout pour l'Aristotélisme, il est, ce qui

vassent rien contre le P. Malebranche ils ne laissèrent pas de faire
quelque impression dans le monde chacun de son côté : l'un sur les
vieux professeurs de collège qui ne reconnoissent que les sens pour
leurs maîtres, et l'autre sur certains beaux esprits... qui n'approfon-
dissent rien. » p. 177.

1. Le compte rendu de ce livre renferme ces lignes. « Le dessein
que M. de Villemandy, recteur du collège vallon à Leyde, et autrefois professeur en philosophie à Saumur, se propose. » Le de Villemandy de Leyde est donc non pas probablement, comme le dit Haag,
dans la *France protestante*, mais certainement le même que celui de
Saumur.

prouve sa transformation intellectuelle, plutôt élogieux pour le Cartésianisme[1]. Ce qu'il reproche à l'Aristotélisme c'est, malgré ses prétentions, de ne donner
jamais qu'une connaissance vague des choses, de se
perdre inconsidérément dans des questions futiles et
inutiles telles que, en dialectique : celles des intentions
secondes, des universaux, des prédicaments, etc. ; en
physique : celles de l'essence, de l'existence, des pro-
priétés de l'être, de l'acte, de la puissance ; en métaphysique : celles de la matière première, de la puissance, de l'existence, de la privation, du continu, de
l'infini ; en éthique : celles du spontané, du volontaire,
du libre. Ses explications sont obscures et téméraires, il
les appuie sur des principes confus et vagues, tire des

1. « Cartesianæ author est Renatus Cartesius, genere nobili, sed
ubertate ingenii, solertia, dicendique perspicuitate, longe nobilior.
Cum ab ineunte ætate Liberalibus ille Disciplinis esset institutus ;
ea autem quæ in Philosophicis magnâ pompa traderentur, vaga omnino ac incerta, magnamque partem inutilia animadverteret ; eos
tamen defectus vulgari, atque in scholis usurpata, philosophandi
ratione, emendari non posse videret ; aliam omnino philosophandi
viam ineundam, Philosophiamque ab ipsis fundamentis instaurandam
ratus est... Systematis hujus particulas quasdam rudes ac impolitas,
ex aliis philosophis forsan transsumpsit ; principia quædam Metaphysica, v. g. ex Augustino et Platone ; Physica ex Veteribus Epicureis, Aristotele, priscisque ejus interpretibus, Guillelmi Gilberti,
Guillelmi Harvai operibus ; Ethica ex iisdem Epicureis, Seneca, etc.
At tam multa ex se addidit ; omniaque adeo apte et nove digessit, ut
unicus et singularis illius artifex, merito censendus sit. Philosophiam
ejus nascentem avidissime amplexi sunt Henricus Regius, Johannes
Claubergius, Benedictus Spinoza, Lipstorpius Luneschlos, Jacobus
Rohaltius, Clerselerius, Ludovicus La Forge, Joann. de Raei, plu-
resque alii Doctissimi viri ; qui longe lateque propagarunt ; propaga-
tam vero ita exornant hodie apud varias gentes innumerabiles alii, ut
Aristoteleam, Epicureamque Philosophiam, fulgore suo multum obs-
curarit », p. 75. On peut remarquer que dans la liste des Cartésiens il
ne place pas Chouet.

conclusions sans rigueur, et se perd souvent en digres-
sions aventurées. L'Épicurisme, plus acceptable, a le
tort de trop borner l'objet de la philosophie, de
n'accepter que le témoignage des sens et de mépriser
l'intelligence. Le Cartésianisme l'emporte, malgré
quelques faiblesses et obscurités. Il donne à la philosophie un objet un peu trop général, mais il a raison
de l'orienter tout entière vers un but pratique, vers
l'acquisition du bonheur. Beaucoup de ses principes
sont contestables ; tels en métaphysique : la garantie
par Dieu de la vérité de nos connaissances ; en physique : l'explication des formes les plus élevées de l'existence par la matière et le mouvement seuls, l'exclusion
des causes finales, tout en conservant la Providence.
Mais les déductions tirées de ces quelques principes et
d'autres encore le sont avec tant d'exactitude et de
sûreté que leur probabilité en est accrue. Les raison-
nements des partisans de cette philosophie ont la
solidité de ceux des mathématiciens, sur le modèle
desquels ils sont, d'ailleurs, formés. Qu'on complète
Descartes par des emprunts faits aux Épicuriens et
aux Aristotéliciens, et qu'on vise à une intelligence
plus complète des choses métaphysiques, et on aura
une philosophie parfaite. Une telle philosophie ne
peut être que celle qui, excluant tout système, ne se
propose qu'une fin : la recherche de la vérité, et la
saisissant partout où elle se trouve, sous quelque
forme qu'on lui ait donnée, la recueille et la met dans
toute sa lumière. Sa fin, ce n'est pas la montre d'une
vaine sagesse, mais « la science stable des choses les
plus élevées ». Ses principes ne sont pas l'autorité
humaine, mais les axiomes éternels découverts et étu-

diés par la raison. Ses partisans ne sont pas « les
sophistes, mais les hommes les plus graves et les plus
instruits ». C'est de cette philosophie que de Villemandy déclare vouloir être le partisan religieusement
dévoué. Quiconque, au lieu de se consacrer à l'étude
de ce qui est, de la vérité, se contente de suivre un
système particulier, n'est plus un philosophe, mais un
« philodoxe » [1].

Descartes, on le voit, ne représentait plus pour de
Villemandy un adversaire, il le jugeait même supérieur
à Aristote. Seulement, il croyait que son système,
quelle que fût sa valeur, n'était pas définitif, qu'il
devait être dépassé à son tour, que ses meilleures parties devaient être conservées et rentrer dans une philosophie plus vaste, réunissant les vérités aperçues
par tous les esprits; et c'est, en effet, l'œuvre qu'am-
bitieusement il se propose et s'efforce de réaliser.

1. « Electiva philosophandi ratio nullo non tempore est usurpata :
semper enim extitere Viri ingenui qui uni litantes veritati, ex quibuslibet disciplinis ea libarunt quæ sibi placerent... Hujus finis non
est inanis quædam sapientiæ ostentatio, sed stabilis rerum dignissi-
marum scientia ; principia non authoritæ humana sed axiomata
prorsus immota, diligentique examine explorata, fautores denique,
non umbratici quidem sophistæ ; sed viri omnium sæculorum gravissimi atque sapientissimi. Quandoquidem optimum et laudatissi-
mum est istud philosophandi genus, eapropter nos id sumus religiose
observaturi. Nemo est erroris omnino expers ; nec tam videndum in
philosophicis, quis aliquid dicat, quam quid a quoquam dicatur ;
adeoque ingenuitas illa privatis cujuscumque sectæ institutis, quantumcunque ea sint, vel antiqua, vel famosa, vel sacra præponenda
est. Et certe, ea optima est philosophandi methodus, quæ studet res
ipsas, earumque existentias et qualitates, ita pernoscere, uti ipsæ sunt ;
iique vere Philosophi ; qui in iis ita cognoscendis laborant ; qui vero,
rebus prætermissis, in hujus vel illius Philosophi decretis pervesti-
gandis, illustrandis ac tuendis toti sunt, ii sunt Philodoxi, non Philosophi, p. 75, 76.

S'agit-il de fixer la fin de la philosophie, il prend les déterminations qui en ont été données par les Épicuriens, les Académiciens et les Cartésiens, montre que, malgré les différences qui les distinguent, il y a des points communs sur lesquels elles se rapprochent, qu'il suffit de distinguer une fin éloignée et une fin prochaine pour que l'accord se fasse. Les Aristotéliciens ont bien vu que la fin prochaine de la philosophie, considérée dans son essence, est la vérité et la vertu, ou, en d'autres termes, la connaissance des choses naturelles, accompagnée de la pratique du bien (p. 4); et les Cartésiens et Épicuriens ont bien compris que la fin dernière en est la « félicité naturelle » (p. 5). De même, si on considère l'objet de la philosophie, on voit que, pour ces trois systèmes, il est constitué par l'ensemble des connaissances qui, de près ou de loin, se rapportent à l'acquisition du bonheur. La seule différence, c'est que les Épicuriens se limitent à la connaissance des choses physiques et morales, tandis que les autres veulent atteindre l'ensemble du savoir; et les uns et les autres ont raison. S'il faut repousser les questions futiles des scholastiques, s'il est des questions dont la transcendance impose une certaine réserve, il faut, pourtant, que la curiosité de l'esprit humain, qui est naturelle et légitime, puisse se satisfaire. La vraie marque de la supériorité intellectuelle, c'est un effort vers une extension de plus en plus grande de son savoir.

Quand il veut déterminer quels doivent être les principes de la philosophie, il constate entre les écoles des oppositions plus fortes. Les Péripatéticiens, d'abord, ne s'accordent pas entre eux. Aristote lui-même, tantôt

fait partir la connaissance de notions communes, imprimées dans l'esprit, d'où toutes les autres découlent,
tantôt la fait sortir par l'induction de l'expérience. A
ces deux origines les sectateur du grand philosophe en
ajoutent une autre: l'autorité des docteurs. Les Épicuriens n'admettent que les données sensibles. Les Cartésiens veulent que l'expérience n'intervienne jamais que
comme confirmation de déductions fondées sur des
idées claires et distinctes ; ce n'est que dans de telles
idées *à priori* que l'essence, la nature des choses peuvent, d'après eux, être découvertes. Mais qu'on recon-
naisse, dit de Villemandy, une connaissance vulgaire qui
s'en tient à l'apparence, et une connaissance philosophique qui se propose de pénétrer la réalité, et ces
oppositions pourront disparaître et les points de vue
se concilier. La philosophie, à sa naissance, n'emploie
que la connaissance vulgaire, elle s'appuie, alors, sur
l'expérience, et tous ses principes sont obtenus par induction. Mais l'insuffisance des résultats ainsi acquis oblige
l'esprit à rechercher une méthode plus sûre et moins
bornée, et c'est alors que, quittant les sens pour la raison, il prend pour principes les idées claires et distinctes qui lui sont innées. Ces idées innées sont les
vrais principes de la science, l'explication de la nature
se trouve comme esquissée en elles, et la raison n'a
qu'à les développer, en se gardant contre les préjugés
et les erreurs des sens ; elles ressemblent aux semen-
ces des êtres et des plantes qui, dit-on, contiennent
déjà les ébauches, artistement dessinées par la nature,
des êtres qui en sortiront [1]. Si l'expérience, si l'auto-

1. Quod si de evidenti rerum cognitione, ejusque demonstratione
accurata sermo sit : non aliunde arcessenda nobis videtur, quam ex
generalibus rerum idæis, a Natura menti impressis ; atque axiomati-

rité peuvent être invoquées, ce ne peut être jamais qu'à titre provisoire ou complémentaire.

De même, quand il s'agit de diviser la philosophie et d'en distribuer les parties, il n'y a, pour arriver à un résultat, qu'à écarter ce qui, dans les conceptions des mêmes systèmes, est défectueux. Les Péripatéticiens récents et les Épicuriens circonscrivent la philosophie dans des limites trop étroites; les anciens Péripatéticiens et les Cartésiens, au contraire, étendent trop son domaine; il n'y a qu'à prendre le milieu entre ces deux excès (p. 38). On divisera alors la philosophie

bus naturali lumine perspectis ; quæ genuina sint, et prima illius principia. Quemadmodum enim tum plantarum, tum animalium seminibus inesse vulgo perhibentur tenues eorum delineationes, Naturæ ipsius manu artificiosissime exaratæ ; quarum explicatione animalia ac plantæ sensim exurgant : eadem fere ratione, humano cordi inarata sunt, Naturæ ipsius stylo, rerum omnium rudimenta quædam, notionesque communes; ex quibus singularia quæque possunt facile deduci ; modo ne confusis sensuum imaginibus, præjudiciisque superinductis, obruantur ; sed attentione singulari, ingeniosaque explicatione, evolvantur. Hujus generis sunt *notiones substantiæ, et modi* : essentiæ et existentiæ, mentis ac corporis, cogitationis et motus, effectus et causæ, necessarii et contingentis etc., unicuique insitæ, cum variis axiomatibus ex earum conjunctione, vel sejunctione, consurgentibus; ita perspicuis, ut nullus non assentiatur ; ea si tantisper attendat ; cujusmodi modi sunt, *quodlibet est, vel non est : Substantia est ens per se existens; Modus est substantiæ dispositio; mens existit, ut et corpus ; A nihilo non potest aliquid fieri* ; aliaque ejusdem ordinis permulta, ita cuique obvia ; ut animum is suum nequeat excutere, quin statim occursent, et ad assensum impellant. Hæc sunt scilicet prima et germana Philosophicæ cognitionis fundamenta. Et certe, prima cognitionis hujus principia debent esse non modo immota ; sed etiam ita evidentia, ut nulla luce egeant, qua demonstrentur ; imo et ad ignoti cujuslibet demonstrationem accommodata. Nihil autem occurit præter eas notiones, eaque axiomata, cui talis evidentia, talisque certitulo, ac vis conveniat; adeoque genuina hæc sunt Philosophiæ fundamenta », p. 11.

on théorique ou pratique, suivant que son objet est la
connaissance ou la détermination des règles de l'activité. La première se subdivisera en philosophie spéculative générale qui étudie l'être en lui-même, ou plutôt
les idées innées qui servent de principes à toutes les
sciences, et en philosophie spéculative particulière,
qui étudie spécialement et successivement chaque
forme (*species*) de l'être. Cette dernière comprendra
ainsi une philosophie de l'esprit (pneumatologie) et
une philosophie du corps ; et celle-ci, suivant qu'elle
s'attachera dans le corps à l'étude de la quantité ou
à celle du mouvement, se subdivisera en mathématique et physique. La philosophie, à son tour, se par-
tagera en logique, qui fixe les règles des opérations
intellectuelles, et en morale, qui donne les conditions
auxquelles la volonté doit se soumettre pour atteindre
le bien. Il n'y a là qu'un cadre qu'on peut encore enrichir de déterminations nouvelles, et de Villemandy
renvoie à ce sujet à des auteurs modernes (Scheibler
Philosof. Proem ; Alstedium in Technologia ; in Techno-
metria Amesium). Il considère, d'ailleurs, ces déterminations comme résultant de différenciations successives,
qui s'opèrent dans la science à mesure qu'elle se déve-
loppe. De même que dans le monde le chaos primitif
décrit par le poète a fait place à un ensemble de parties de plus en plus variées et individualisées, de
même la connaissance confuse des premiers hommes
s'est partagée, par des distinctions progressives, en
des connaissances particulières plus claires, mais de
plus en plus nombreuses, qui ne sont autres que les
différentes parties de la philosophie [1].

1. « Quemadmodum ab ipso rerum initio. »

Si l'on se demande dans quel ordre devront être traitées les différentes parties de la philosophie, il faudra, d'abord, bien préciser le point de vue auquel on veut se placer. Ainsi, si l'on veut aller du facile au difficile, on devra, avec Aristote, étudier, en premier lieu, la logique et la morale, puis viendront la métaphysique et la physique. Mais, si l'on veut une disposition rationnelle, il faudra, avec les Épicuriens et les Cartésiens, mettre en premier lieu la dialectique, qui fournit les règles de la connaissance et enseigne les moyens d'éviter l'erreur. Après elle, se placeront l'ontologie, qui fournit les principes généraux sans lesquels aucune science particulière ne peut se constituer, puis la physique, car il importe que l'homme connaisse le milieu dans lequel il est appelé à vivre et les conditions qu'il lui impose. La morale couronnera et complètera le tout, ce sera l'ornement qui parfait l'édifice.

Une telle philosophie éclectique n'est possible que si la vérité n'est pas inaccessible à l'homme, que si elle peut se manifester à son intelligence ; de Villemandy

Unus erat toto Naturæ vultus in orbe :
Quem dixere cahos, rudis indigestaque moles :
Ille autem dierum successione in varias partes figura et motu diversas, per agitationem impressam mirabiliter distinctus est ; quo singula quæque distinctius internoscerentur, sapientissimique opificis sapientiam exhiberent luculentius ; ita probabile est, primum quidem fuisse unum quasi sapientiæ fontem ; cum tamen postea, ceu in multos scientiarum rivulos, derivatum fuisse atque deductum ; ut quæ simul complicata ægre poterant ab hominibus ; ea varie disjuncta, atque dispertita, commodius perciperentur. Hinc Philosophiæ, ut et aliarum quantumcunque disciplinarum, nata videtur, temporis lapsu, varias in partes distinctio », p. 38.

« Quatuor jam memorata Philosophiæ speculativæ membra, ex varia rerum speculabilium conditione, tanquam ex primo fonte derivantur », p. 41.

s'en rend compte et il s'attarde longuement (18-35) à
établir qu'il y a des certitudes que nous pouvons
acquérir et qui défient tout doute.

Protagoras et Gorgias soutiennent que ce ne sont
que des ombres, des fantômes qui frappent nos sens.
Mais toute ombre, tout simulacre, peut-on dire, supposent des objets qui en soient la raison. Pour qu'il y
ait apparence, dira plus tard Kant, dans un sens légè-
rement différent, il faut bien que des choses existent
qui puissent apparaître [1].

La mobilité infinie de toutes choses interdit à l'esprit, soutient Héraclite, toute prise sur le monde. Mais,
pour qu'il y ait mouvement, ne faut-il pas qu'il y ait
quelque chose qui soit mû et ne change pas, et, d'ailleurs, dans les relations et les formes des objets ne
surprend-on pas une réelle stabilité?

On dira que les songes nous donnent l'illusion des
perceptions réelles, et que, par conséquent, rien ne
prouve que nous ne soyons les jouets d'une illusion
constante. Mais, pour cela, il faudrait qu'aucune distinction ne s'établisse entre les représentations des
songes et celles de la veille. Or n'y a-t-il pas entre
elles des différences de netteté, d'ordre, de stabilité,
qui interdisent toute confusion ?

Et s'il y a ainsi une vérité dans les choses, cette vérité
l'esprit doit pouvoir l'atteindre, entrer en sa possession.

---

1. Simulacrum enim non potest esse Nihili simulacrum ac repræsen-
tatio... Cur potius existerent rerum simulacra, quam res ? Quemadmodum nulla cernitur umbra, quæ suum non habeat corpus ex quo
funditur ; ita quoque nulla est animis nostris impressa rei effigies
quæ a re aliqua non procedat, cujus sit nota, atque argumentum —
cf sur la nécessité de poser une réalité en dehors de l'apparence. A.
Hannequin. *Essai critique sur l'hypothèse des atomes*, p. 263.

Les sceptiques le nient, mais c'est en se contredisant.
Prétendre qu'il n'existe aucune marque sûre d'une connaissance certaine, n'est-ce pas affirmer que cette connaissance existe, puisqu'on la distingue de ce qui n'est
pas elle ? Sans doute, la substance intime des choses
nous échappe, et, en ce sens, Démocrite pouvait soutenir avec raison que la vérité reste, pour nous, enfouie
dans un puits obscur ; mais l'existence des choses,
leur aspect extérieur, leurs qualités se manifestent à
nous, et, en cette manière, nous les pouvons connaître [1].
On invoquera les erreurs dont sont victimes nos sens
et notre intelligence elle-même ; mais les sens ne nous
trompent que quand on leur demande plus qu'ils ne
peuvent légitimement donner, quand on ne s'en tient
pas à leurs perceptions réelles ; et ne doit-on pas reconnaître qu'à l'esprit, si enveloppé soit-il d'illusions
et d'erreurs, s'imposent, cependant, des vérités incon-
testables, telles que celle de sa propre existence appréhendée dans le fait même de la pensée, et celle de
l'existence d'un monde extérieur appréhendée dans le
fait même que l'esprit a conscience de percevoir ce
monde [2].

1. « Veritas alia est essentiæ, affectionumque interiorum ; alia Existentiæ, Exteriorumque qualitatum. Latet quidem in occulto cum affectionibus internis essentia rerum ; non item exterior carum facies ac
existentia. Deinde lateant ista omnia ; non sunt tamen tenebris adeo
crassis occultata, quin sese nobis conspicienda præbeant... Itaque,
cum dixero nonnulli veteres, veritatem esse in profundo demersam ;
locuti sunt duntaxat de essentiali rerum sensibilium conditione ;
quam cum vellent ex sensuum testimonio definire ; neque potuerint
ut optassent ; propterea veritatem in occulto latentem, crassissimis
tenebris circumfusam, et probrose dictarunt », p. 26.

2. « An vero, cum cogitat, non ipsa sentit se cogitare ? Quando quid
sibi oblatum contemplatur, non scit se externum quid contemplari ?

Bien des raisons peuvent, d'ailleurs, être apportées
en faveur de l'existence d'une telle connaissance certaine. On admet des critères pour distinguer le mal
du bien, par exemple : le plaisir et la douleur; mais,
s'il y a des critères dans la pratique, il faut qu'il y en
ait dans la spéculation, puisqu'elles sont inséparables?
Ceux qui nient le vrai, sont obligés, pour rendre possibles toute connaissance et toute pratique, d'admettre le
vraisemblable, mais comment distinguer le vraisemblable sans savoir ce qu'est le vrai ? L'un peut-il exister sans l'autre? Dira-t-on que les frontières du vrai et
du faux sont tellement indécises que bien les discerner
est difficile? Mais on oublie de faire une distinction
importante : dans la vérité ou la fausseté prises en
elles-mêmes il n'y a pas de degrés, elles sont ou ne
sont pas; ce n'est que dans la connaissance qu'on a, à
cause de l'imperfection naturelle de nos moyens, ou par
manque de méthode, que de tels degrés apparaissent;
dès lors, il ne dépend que de nous de nous précaution-
ner contre nos faiblesses et d'y remédier par une application et une surveillance continues. Deux jumeaux
paraissent en vain posséder une ressemblance complète,
l'œil exercé d'une mère ne les confond pas. De même,
quelles que soient les apparences, celui qui a l'habitude
de la vérité ne se laisse pas illusionner. Alléguera-t-on,
enfin, les dissentiments des philosophes? Mais ces dissentiments sont tout extérieurs : ils portent surtout,
ce que souligne la critique des sceptiques, sur les vérités

Eane sunt falsa ? Si qui ergo aiunt, nunquam ipsam (pontem) verum
apprehendere, Rhetorice adaiunt, ex humanæ infirmitatis sensu, ac
commiseratione quadam; potius quam Philosophice, ex ipsius veri-
tate, ac conscientia ; proinde Rhetorice sunt intelligendi », p. 26.

d'ordre ' expérimental dont l'origine est précisément suspecte. D'ailleurs, toute discussion suppose l'admission de points communs, c'est-à-dire, certaines propositions acceptées de tous, et les conflits des philosophes se trouvent ainsi établir la réalité de cette vérité, qu'ils se reprochent entre eux de mal connaître.

Si la vérité existe et si nous pouvons l'atteindre, à quels signes la reconnaissons-nous ? Ces signes nous ne pouvons les demander aux sens, qui ont un usage tout pratique, qui ne nous donnent d'autres informations sur les choses que celles qui se rapportent à notre utilité ; la valeur de leurs perceptions est ainsi toute relative ; de plus, étant par nature confuses, ces perceptions ne pourraient fournir une marque quelconque de la vérité à laquelle la confusion répugne. Parmi les idées elles-mêmes, celles-là seules, qui sont claires et distinctes, pourront être considérées et tenues comme vraies. De telles idées s'imposent à l'esprit par leur évidence, forcent son adhésion avec la même irrésistibilité « qu'un poids fait fléchir le plateau d'une balance. » En possession, alors, de la vérité, l'intelligence, qui est faite pour elle, ne peut que s'y complaire, et l'erreur lui reste étrangère, elle l'ignore. Il est inutile, pour fonder la certitude, de faire intervenir avec certains la caution de la véracité divine ; l'évidence se suffit à elle-même. Si elle me manifeste dans le fait de penser, la réalité de mon existence, pourquoi ne m'assurerait-elle pas la vérité des autres affirmations auxquelles elle est également liée ? Suffisante dans un cas, elle doit l'être dans tous les autres du même genre [1].

---

1. « Fatentur quidem Recentiores nonnulli, perspicuitatem unicam esse veritatis notam ; sed plenam nolunt esse, atque integram ; ni

Sans doute il y a de fausses évidences, mais ces fausses évidences ne sont-elles pas seulement des évidences insuffisantes ? ou, si l'erreur les accompagne, n'est-ce pas que, par une intervention maladroite de notre volonté, nous affirmons plus que nous donne la perception? La véritable évidence ne fait pas appel à des interventions étrangères de cette sorte. La lumière est visible par elle-même, il suffit d'ouvrir les yeux pour la percevoir ; il en est de même de la vérité : quand elle se manifeste ouvertement à l'esprit, il la saisit spontanément et pleinement. Les idées qui la possèdent ont pour caractères propres d'être simples, distinctes, c'est-à-dire, nettement distinguables des autres, de se présenter comme naturelles à notre esprit [1]. L'erreur est toujours le fruit de la précipitation ou de l'inattention.

prius persuasum sit. Deum existere, ipsumque pro summa, quæ est, benignitate et sapientia, since non posse ut in evidentibus fallamur : hincque adeo certitudinis cujuslibet principium primum esse Divinæ existentiæ ac Veracitatis conscientiam... Quanquam tamen absit illud principium, haudquaquam certe perspicuitatis efficacia labefactabitur. Quemadmodum enim nullis unquam rationibus effeceris ; ut, qui cogitat, is dubitet, dum cogitat, an sit aliquid, vel nihil ; etiamsi ille de Numinis existentia nihildum statuerit, id, inquam, non effeceris ; quia nimirum se quidpiam esse evidentissime sentit : ita nec ejusdem ulla ratione fidem pertentabis ; quoties iis assentiet ; quæ pari evidentia constabunt ; cujuscumque generis illa sint : sive axiomata, sive conclusiones ex axiomatis illis deductæ ; sive externa quædam, et aliena ; sive interna, ad se pertinentia. Ea quippe vis est evidentiæ, undecunque procedat, ut, alio quocumque seposito, intellectum, per seipsam ineluctabiliter trahat ad assensum ; modo nullam habeat illa obscuritatem adjunctam, nullamque confusionem », p. 31.

1. « Ea est lucis excellentia, ut per seipsam dignoscatur, si modo aspicias : ea itidem ideæ evidentis conditio, ac præstantia, ut facile perspiciatur ab attendente ; quin et facilius potest intelligi, quam definiri. Nec tamen deest ars quædam, per quam ab obscura secernas.

On peut donc conclure que, puisque la vérité est à notre portée, la science est possible, bien plus qu'elle est [1]. Sans doute, des dissentiments paraissent exister entre les sages : mais de tels dissentiments ne sont qu'apparents, la vérité a lui à tous, et tous en ont eu une connaissance plus ou moins grande. Les sceptiques eux-mêmes ne l'ont pas tant niée qu'ils n'ont attiré l'attention sur la précipitation à affirmer des Dogmatiques, et c'est surtout pour se faire écouter qu'ils sont allés jusqu'à une négation, qui est toute de surface. Leurs conseils de prudence sont à retenir.

Toutes les idées qui précèdent sont, en quelque sorte, condensées dans la description que de Villemandy fait de la vraie méthode de la philosophie. Il importera, d'abord, de bien délimiter et préciser son sujet. Il y a des questions qui nous dépassent, il y en a d'autres qui sont frivoles, il faut les écarter, et s'en tenir à celles-là seules qui ne sont pas hors de nos prises, et qui sont de quelque intérêt. A leur sujet, il ne faudra pas craindre de consulter les grands philosophes, surtout Aristote, Gassendi et Descartes : ils représentent les sources importantes auxquelles il faut s'abreuver. L'étude même de leurs différents disciples, quelle que soit leur impor-

Quæ idea est simplex, nec plura simul repræsentat ; quæ est distincta, objectumque suum ab oppositis quibuslibet, vel finitimis se cernit ; quæ denique est quasi animo innata, facileque formatur ; ea demum est certa, ea perspicua, ea vera,... Speculum, quo est simplicius, quoque contractius, modo ne contractio rei visæ imaginem confundat ; eo est pellucidius, atque fidelius. Idem fere de animi notionibus statuendum, quo sunt puriores et distinctiores, eo certiores sunt habendæ, atque tutiores », p. 32.

1. « Duo continentur hæc postrema conclusione ; possibilem esse rerum scientiam ; nec possibilem modo, sed etiam revera existentem ; utrumque ex principiis supra positis sponte fluit », p. 33.

tance, a son utilité, elle peut être une préparation [1].
Il faudra se délivrer de tous les préjugés qui viennent
soit des sens, soit du milieu. Si forte que soit l'autorité des grands esprits, elle doit être contrôlée: car,
dans les choses philosophiques, c'est la raison, et non
le témoignage, qui décide (*In philosophicis audienda
potius ratio quam hominum testimonia.*) Par suite, ce
sera sur des principes évidents, solides, auxquels tout
se rattache, qu'il faudra s'appuyer. Ce sera, par exemple, ce principe que suppose toute connaissance : *ego
sum cogitans.* Ce seront, quand il s'agira du développement de notre savoir, d'autres principes plus secon-
daires, par exemple: on peut affirmer d'une chose tout
ce qui est compris dans son idée; à toute idée correspond un être réel ou possible; à la diversité des idées
correspond également une diversité dans les objets. Il
faudra, alors, dans nos déductions, prendre soin de ne
jamais rien introduire qui ne soit conforme aux principes, qui n'en dépende avec évidence [2]. C'est l'intuition qui nous met en possession de la vérité, il faut
veiller à ce que sa lumière ne nous abandonne jamais.
La plus grande circonspection est de rigueur.

1. « In philosophia igitur is est habendus rerum delectus; ut, perple-
xis, et inutilibus missis, ea tantum secteris quæ cum fructu possunt,
cognosci. In iis quidem intelligendis possunt omnes philosophi, cujuscumque sint classis, quodammodo adjuvare : at præ cæteris omnibus Aristoteles, Gassendus et Cartesius sunt consulendi. Sunt enim
fontes copiosissimi, ex quibus omnia propemodum possis haurire.
Horum aditus arduus est, fateor, tyronibus ; verum multi sunt rivuli
in quibus eadem illa prælibes, priusquam ad fontes accedas ; quo-
rumve ductu ad eosdem illos fontes deducaris », p. 80.

2. « Ubi principia fuerunt præstricta, atque ex his ad alia erit deve-
niendum ; id diligentia tenebitur, ne quid ex iis principiis derive-
tur ; quin cum illis evidenter cohæreat ; novo in genere admittatur
quicquam ; quod non sit clare perceptum », p. 82.

De Villemandy termine son livre par une longue énumération des différents usages de la philosophie. A la différence de Chouet, qui redoutait toute incursion sur le domaine de la théologie, il ne craint pas d'insister sur l'utilité que peut être, pour elle, la philosophie, et de donner des solutions de diverses questions agitées entre protestants (grâce, chute) ou entre protestants et catholiques (Eucharistie) [1]. Son éclectisme lui donnait de l'audace. Mais c'était imprudent de sa part, ainsi que les mésaventures qui lui survinrent et que nous avons racontées, le prouvent.

On peut le voir, l'éclectisme de de Villemandy fait plus d'un emprunt à la philosophie de Descartes; celle-ci occupe la place d'honneur; plus d'une de ses conquêtes sont conservées. L'évidence rationnelle est mise au-dessus de l'autorité, l'existence de la pensée est considérée comme le principe fondamental de la philosophie, et la méthode géométrique, avec les constructions physiques qu'elle donne, provoque l'admiration et on en devient partisan. Sans doute, exclure le recours à la véracité divine, trouver insuffisant le mécanisme et admettre la recherche des causes finales étaient des brèches considérables faites à l'édifice de Descartes [2].

---

1. En 1670, Gausson, professeur de théologie, avait publié un *De utilitate Philosophiæ ad Theologiam*, Saumur, 1670. On n'avait plus à ce sujet les mêmes scrupules qu'autrefois.

2. Dans son *Scepticismus debellatus...* de Villemandy reproche à Descartes de conduire parfois au scepticisme. « M. de Villemandy se plaint de Gassendi et de Descartes ; car il prétend que leur méthode de philosopher et quelques-uns de leurs principes favorisent trop le pyrrhonisme et conduisent même à l'athéisme, comme quand l'un d'eux soutient que l'essence de la matière consiste dans l'étendue, et que néanmoins il est au pouvoir de Dieu de faire que la matière soit sans étendue. C'est Gassendi qui le dit. Pour Descartes et ses sectateurs

Mais il faut considérer que c'est trente ans après la mort du grand Philosophe que le livre de de Villemandy avait paru, et que, pendant cet intervalle, plus d'un disciple avait revendiqué une certaine originalité. D'un autre côté, c'est moins Descartes lui-même que le mouvement philosophique dont il est la personnification, que de Villemandy considère. Bacon, Hobbes sont cités à côté de lui et, parfois, dans la même préoccupation. C'est à Spinoza qu'est demandée la détermination du critérium [1] de la vérité et Clauberg est une autorité fréquemment invoquée. De Villemandy avait donc le droit de se faire une conception large de ce système, de ne retenir que les principes qui lui paraissent caractériser le mouvement qu'il avait créé. D'autant plus que l'éclectisme qu'il adoptait, et les maximes qu'il

ils soumettent aux volontés libres de Dieu, non seulement les idées spéculatives qui nous représentent l'essence des choses, mais aussi la nature des bonnes actions ; ils disent que si Dieu avoit voulu que le tout fût plus petit que sa partie, et qu'il fût mauvais de faire à nos prochains ce que nous ne voudrions pas qui nous fût fait, cela seroit arrivé. Il est sûr que cela conduit au pyrrhonisme. C'est dire fort nettement que la nature des choses est muable, et que nous ne pouvons point savoir ce qu'elles sont en elles-mêmes, mais seulement qu'elles nous paroissent ceci ou cela. Un tel dogme est très pernicieux dans la morale.. ». *Journal des Savants*, février 1697.

1. « Et certe prima veri et falsi significatio, ut acute notat Spinoza ; ortum videtur duxisse a narrationibus ; eaque narratio vera dicta fuisse, quæ erat facti, quod revera contigerat ; falsa vero, quæ erat facti, quod nullibi contigerat : atque a philosophis postea usurpata ad denotandam convenientiam ideæ cum suo ideato ; et contra... hinc-que postea metaphorice translata ad res mutas ; ut cum dicimus verum, aut falsum aurum : quasi aurum nobis repræsentatum aliquid de seipso narret, quod in se est ; aut non est. Hinc adeo veri et falsi denominationes videntur rebus pure extrinsecæ. Utcumque sit, veritas in rebus nihil aliud quicquam est, præter internam rei cujusque conditionem, prout illa vero potest apprehendi conceptu : in intellectu vero nihil aliud quam notio rebus consentanea », p. 2.

professait, lui faisaient une obligation de se défier d'une
autorité exclusive et de suivre tous les développements
de doctrine qui se produisaient. Ce qu'on peut lui
reprocher, c'est d'avoir construit sa doctrine avec des
préoccupations anciennes. Ses maîtres, de son propre
aveu, ce sont les représentants de l'éclectisme alexan-
drin et Cicéron, et c'est avec tous ceux, nombreux, d'après
lui, au xvii° siècle, qui continuaient ce mouvement
qu'il prétend faire cause commune [1]. Mais tous ces philosophes, s'ils pouvaient retrouver dans le Cartésianisme
un critérium qui leur était cher, celui de l'évidence, ne
le concevaient guère dans un sens cartésien. Une notion
évidente, pour eux, c'était seulement une notion simple
et claire, la distinction se réduisait à la clarté, c'était

1. « Electiva Philosophandi ratio nullo non tempore est usurpata ;
semper enim extitere viri ingenui, qui uni litantes veritati, ex quibuslibet Disciplinis ea libarint, quæ sibi placerent ; sed, cum circa
Augusti ætatem Potamo Alexandrinus, Academicæ Dubitationis per-
tæsus, hanc singulari studio coleret, cumque imitati sint deinceps
plurimi ; qui, nullius disciplinæ placitis addicti, ex omnibus optima
quæque seligerent ; ab ipso dicitur inducta. Verum multis ante Pota-
monem sæculis eamdem illam fuisse usurpatam luculentissime probant
exempla Pythagoreæ, qui ex Ægyptiis et Chaldæis alia ; ex Brach-
manibus alia ; ex Pherecyde, Syro, Epimenide etc, alia assumpsit ;
Platonis qui Astrologiam ex Ægyptiis, ex Socrate Philosophiam mora-
lem, ex Pythagoreis Theologiam hausit. Ex quo autem a Potamone
studiosius coli cæpta est, tum apud sapientes quosque maxime est
trita ; eam secuti sunt veteres Aristotelis sectatores ; secuti sunt
omnes fere Ecclesiæ doctores ; secuti denique nobilissimi Disciplinarum sæculis proxime superioribus Restauratores ; sequuntur etiam-
num innumerabiles Philosophi ; ita ut nunquam tot habuerint sectatores, quot Jam habet, nunquamque celebratior fuerit ; eaque de
causa inter Philosophiæ ad perfectionem assurgentis, sectas jure
memoratur... fautores denique, non umbratici quidam sophistæ ;
sed viri omnium sæculorum gravissimi, atque sapientissimi... » En
note, Pythagoras, Aristoteles, Cicero, Augustin, Vives, Jul. Cæsar
Scaliger Alsted, Vossius, etc.

seulement le départ fait avec les notions voisines ; l'esprit était assimilé à un miroir, et l'évidence qui se
produisait en lui était, en quelque sorte, toute passive [1].
Cette évidence ne représentait, dès lors, qu'un moment
de l'évidence cartésienne, qui est faite surtout d'une pro-
jection de la lumière de l'esprit sur une notion, de façon
à en faire apparaître tous les éléments, à la rendre, non
seulement claire, mais réellement distincte en elle-
même. Avec l'évidence cartésienne, une méthode d'ap-
profondissement, comme celle de Leibnitz, était possible,
et l'éclectisme pouvait réellement devenir une philosophie supérieure, comprenant et dominant toutes les
autres. Avec l'évidence académique, c'était une juxta-
position plus ou moins artificielle des systèmes qui
s'opérait seulement, et ce fut, semble-t-il, ce que faisait
de Villemandy, qui, à en juger par les quelques analyses
que nous avons données de son livre, réunissait plus
qu'il ne dominait et ne pénétrait, quelles que fussent,
d'ailleurs, les prétentions qu'il affichât.

Cependant, de Villemandy a le mérite relativement
grand, d'avoir compris, malgré son passé et bien qu'enseignant dans une Académie attachée à des traditions,
qu'un grand compte devait être tenu des doctrines
nouvelles, surtout de ce cartésianisme qui les dominait. Et il semble que, quoi qu'il en ait dit dans sa
défense devant le synode, que les idées de son livre
étaient bien aussi celles de son enseignement. En effet,
dans le programme des thèses qu'il faisait soutenir
en 1680 [2], et qui étaient extraites, suivant l'habitude, de
ses cours, on trouve surtout en physique et en méta-

1. Cf. p. 122 note 1.
2. Cf. Appendice.

physique des sujets de discussions tout modernes et des
opinions analogues à celles de son livre. Il est bien
difficile, d'ailleurs, que la pensée personnelle d'un professeur ne pénètre pas dans son enseignement [1]. Si donc
le Cartésianisme avec Chouet ne s'était pas implanté
définitivement à l'Académie de Saumur, il avait, du
moins, rompu la routine, puisque son successeur s'était
vu obligé d'abandonner la scholastique. Cette routine,
toutefois, avait toujours eu son représentant dans Druet,
qui ne se retira qu'en 1680. Un court manuscrit de
logique de 1679[2], qui reste de lui, nous le montre toujours attaché aux mêmes conceptions, répétant le même
enseignement qu'autrefois[3]. Dans l'établissement rival
des Oratoriens, on avait conservé plus d'initiative et de
hardiesse. C'était le Cartésianisme qu'on avait franchement adopté et qu'on défendait. On souffrit même persécution pour lui[4].

1. D'ailleurs, le commissaire du roi releva à ce sujet des contradic-
tions manifestes dans les dépositions. Cf. Appendice.

2. *Cursus Logicus* a Domino Drueto in Academia salmuriensi professore et scriptus a Leone Belin *Domini Drueti discipulo.* Anno 1679.
Bibliothèque de Saumur.

3. C'est peut-être l'enseignement de Druet que de Villemandy caractérise dans le passage suivant : « Status ultimus a Levaniensibus,
Soncinate, Fonseca, Conimbricensibus aliisque similibus Philosophiæ
Peripateticæ, in scholis hodie obtinentis, ducibus, ad hunc usque
diem potest deduci. Ea quidem periodo, textuali, uti antea, Aristotelis enarratione est philosophatum: verum cum methodus illa fatigaret
prolixitate, brevibus singularum Philosophiæ partium synopsibus, ab
Aristotelis textu expressis, cum additis quæstionibus, præcipue Philosophatum est. Sed hæc omnibus comperta ; proinde omittimus, ut
ab Aristotelea secta ad Epicuream accedamus », p. 74. Le programme
du cours de 1680 mentionne des explications de l'Organon et des
livres de physique d'Aristote.

4. Cf. Dumont *l'Oratoire et le Cartésianisme en Anjou.*

CHAPITRE VI

LES DERNIERS PROFESSEURS.
DISSOLUTION DE L'ACADÉMIE.

En même temps que de Villemandy, l'Académie avait perdu Jean Druet. Celui-ci, qu'elle avait pour professeur depuis 1628, s'était retiré, alléguant « son grand âge et des affaires qui lui était survenues [1] » ; et toutes les sollicitations qui lui furent faites, pour qu'il voulût bien enseigner encore quelque temps, furent inutiles. Les chaires furent alors déclarées vacantes, et, en attendant le résultat des concours qui furent remis à plusieurs mois, on fit appel à des suppléants. Un M. Herbaut « docteur en médecine et membre du Conseil académique, connu pour s'estre toujours beaucoup plu à la

1. Druet était étudiant en théologie, quand, en 1628, il remplit d'abord, par intérim, les fonctions de professeur de philosophie. Si l'on considère que l'âge moyen des étudiants en théologie était 20 à 23 ans, il avait donc, au moment de sa retraite, environ 75 ans. Il avait été professeur près de cinquante ans. Il n'y eut pas deux Druet qui se succédèrent comme on le suppose parfois. Aucune indication en ce sens ne se trouve dans les Registres. Dans le papier de recette de l'Académie (Bibl. de Saumur) on trouve indiqué un Jean Druet le jeune, membre du conseil extraordinaire de l'Académie, mais il n'est pas cité comme professeur. En 1683, ce Jean Druet le jeune avait à recette des deniers de l'Académie.

philosophie ¹ »,consentit à recevoir chez lui quatre h eu-
res par semaine les étudiants du cours de physique ;
et un étudiant en théologie, Fanjou, qu'on avait distingué, fut chargé de l'enseignement de la logique. Ce
dernier l'emportait au concours sur un M. Noue « docteur en médecine », désigné par le synode de Charenton, et était installé définitivement comme professeur.
Pour la chaire de physique on jeta les yeux sur un
M. Duncan, « docteur en médecine à Montauban ». Sa
réputation « étoit si grande et si bien établie qu'on le
dispensoit de tout examen. » Il refusa, invoquant pour
excuse l'état de sa santé. On s'adressa, alors, à un M. Renaudot, « cy-devant ministre dans l'Église de Nemy en
Poitou, de qui on dit beaucoup de bien et que l'on juge
être très propre pour cet emploi. » On promettait « de
l'accepter purement et simplement sans concurrence.»
Il ne repoussa pas la proposition et, après un examen
où il comparut seul, il était, lui aussi, admis comme
professeur d'une façon définitive. Ces examens ne présentèrent aucune innovation : ils consistèrent encore
en leçons sur des textes d'Aristote et discussions con-
tradictoires ². Seulement, ces leçons et discussions ne

1. Le Dʳ Herbaut est cité dans la relation de Beaujardin (cf. plus
haut p. 108, note 1) comme donnant des leçons particulières de philosophie. Un autre médecin de Saumur, René Fédé, publia en 1673, une
édition des *Méditations* de Descartes « la plus parfaite, la plus utile
de toutes » d'après Baillet.

2. Ces leçons furent pour Fanjou : « 1ʳᵉ leçon : de Propositione dia-
lectica, ad textum Aristotelis e *Topicorum*, lib. I, cap. 8 ; 2ᵉ leçon :
De summo Bono ad cap., 7ᵉ libr. I *Ethicorum;* 3ᵉ leçon : An detur
substantia æterna perpetuo et actu movens immobilis et immaterialis? Ad textum Aristotelis, lib. 11, cap. 6 *Metaphysicorum;* 4ᵉ leçon :
De Principiis internis corporis naturalis ad textum Aristotelis, lib. I,
Physic. cap. 5. » Il y eut en outre, une discussion contradictoire sur

furent plus publiques, et on n'accepta, pour argumenter,
hors les membres du Conseil, que quelques étudiants
en théologie. On restreignit même, d'avance, l'examen
à son minimum, on se contenta « de quelques positions
manuscrites prises des quatre parties de la philosophie. » Les raisons, qu'on invoquait, étaient « prises
de la considération des temps ». Les péripéties de l'examen d'un Chouet ne purent donc se reproduire. Les
examinateurs se déclarèrent, cependant, satisfaits. Renaudot fut même l'objet d'une appréciation tout à fait
flatteuse. On lit, en effet, dans le Registre de l'Académie,
à la date du 29 août 1684 : « M. Renaudot s'estant présenté à la Compagnie et ayant répondu aux questions
et aux objections qui lui ont été faites conformément
aux actes cy-dessus, pendant trois heures, la Compagnie a jugé tout d'une voix que mon dit sieur Renaudot estoit la personne dont nous avions besoin, comme
ayant dans un degré éminent toutes les parties nécessaires dans un professeur en philosophie, la facilité
de l'expression, la netteté de l'esprit, et une profonde
érudition, avec une présence d'esprit toute particulière.
C'est pourquoy la Compagnie en général et chacun en
particulier luy ont donné une entière approbation et
loué Dieu de ce qu'il luy avoit plu mettre au cœur de
mon dit sieur Renaudot, de répondre favorablement à
nos désirs. »

diverses questions. Les leçons furent pour Renaudot au nombre de
deux seulement, à savoir : « 1re leçon sur texte du chap. 3e du livre
second des *Postérieures analytiques : De distinctione definitionis et
demonstrationis* ; 2e leçon sur le chap. 3e du 2e livre *de Anima* où est
contenue la question : An sint plures animæ in viventes. » La
3e épreuve consista « en questions et observations qu'on jugera à propos de faire sur les quatre parties de la philosophie. »

L'Académie de Saumur était donc en possession de
nouveaux professeurs de philosophie capables de lui
faire honneur. L'enseignement philosophique pouvait
peut-être y retrouver quelque chose de cet éclat qu'il
y avait eu parfois, bien que la persécution du cartésianisme, qui avait commencé dans la région même depuis
plusieurs années, et un certain rigorisme, qui avait
réapparu dans la doctrine protestante, créassent des
obstacles. Mais la perte de ce foyer du protestantisme
en France avait été décidée. Dès 1605, les évêques
avaient demandé la suppression des Académies protestantes, et ce n'était que le début d'une hostilité qui
devait persister. En 1666, une défense, heureusement
sans suite, fut faite de tenir des Académies. En 1669, on
était inquiet à Saumur, ainsi que le montrent les lettres
de Chouet ; une assignation fut donnée au Conseil académique de comparaître devant l'Intendant de la province et de se justifier de l'emploi de professeurs étrangers, considéré comme une infraction aux édits ; et, en
1671, un arrêt d'expulsion contre ces mêmes professeurs fut rendu [1]. En 1674, afin d'isoler et, par suite,
affaiblir les Académies, il leur fut interdit d'envoyer
des députés aux synodes des provinces voisines [2]. En

1. Cet arrêt atteignit un régent : Crespin et le professeur d'éloquence Doull. Ce dernier est qualifié « de fort habile » dans le rapport de Charles Colbert. Quoi qu'on en ait prétendu, cet arrêt n'atteignit pas Chouet qui quitta Saumur de son propre mouvement en
1669. Cf. de Budé op. cit., ch. III. Il y avait déjà eu, en 1622, un arrêt
dans ce sens de Louis XIII. Cf. plus haut, p. 12, note 1.

2. « On ôtoit par là aux Académies un des moyens les plus nécessaires à leur subsistance, savoir la communication avec les provinces voisines d'où les professeurs et régents tiroient leurs gages, et
où ils avoient assez souvent des remontrances à faire sur le sujet de
leur entretien et même sur la police de leurs collèges et sur la conduite des étudiants. » Elie Benoit, op. cit., III, p. 273.

1679 et 1680, nous l'avons vu, on soumit les écrits et les soutenances de thèses à des formalités irritantes. Enfin, en 1685 (8 janvier), une simple question de possession d'une partie d'une place, qu'on prétendait avoir été envahie à tort par l'Académie [1], donna au roi l'occasion voulue et cherchée de décider sa suppression. On se défendit, pourtant, avec énergie. Le député des protestants auprès du roi, M. de Ruvigny, fut chargé successivement, ainsi qu'en témoignent les registres, de démarches pressantes, et tous les arguments favorables furent allégués. Aussi quelque espoir avait-il toujours subsisté. Quand on reçut Fanjou et Renaudot, en 1684, on leur fit prendre « l'engagement de s'attacher au service de l'Académie pour plusieurs années », et le procès fait à l'Académie, à cette époque, avait été porté devant le roi lui-même. Mais celui-ci était circonvenu, sa décision était arrêtée. Quatre-vingts ans de liberté complète d'abord, puis tout au moins relative, étaient beaucoup pour une minorité, à une époque où la tolérance n'avait pas pénétré les cœurs, et où on croyait que l'unité politique devait comprendre l'unité religieuse. L'appui du roi n'existait plus. Ce fut en vain que le recteur Beaujardin, répondant, dès 1683, à des sommations du clergé, l'invoqua dans une harangue d'une inspiration élevée, la réponse fut brutale (8 janvier 1685). Il n'y avait plus pour lui et ses profes-

---

1. Cf. Bibliothèque d'Angers. Manuscrit 873, in-fol. pièce 68. « *Contredits de production soumis par le syndic du clergé d'Anjou, demandeur contre les protestants de Saumur à MM. Voisin de la Noraye et Henri de Soucelles, commissaires nommés par le roy pour connoître des contraventions aux édits de pacification.* » Pièce très curieuse. Cf. également E. Benoît : *Histoire de la Révocation de l'Edit de Nantes*, V, 782.

seurs qu'à quitter une ville, où il leur était fait défense
« d'enseigner aucunes sciences ou langues, soit publiquement ou en allant dans les maisons particulières
sur peine de désobéissance et de 3000 livres d'amende »
et où, quelques jours après (15 janvier), l'exercice même
de leur religion était interdit. Une dernière satisfaction leur fut refusée. La situation pécuniaire de l'Académie n'avait jamais été prospère depuis la suppression des subventions royales : elle avait des dettes ; ils
demandaient que le produit de la vente de la bibliothèque fût employé à leur paiement. C'était peut-être
aussi pour eux un moyen de rentrer indirectement en
possession de choses qui leur étaient précieuses à plus
d'un titre, puisqu'il y avait là leurs instruments de
travail et que c'était en grande partie un héritage provenant d'un homme dont le souvenir leur était cher :
Duplessis-Mornay. Le lieutenant du roi, qui s'était
transporté sur les lieux, accompagné d'un notaire,
se contenta, comme réponse à ce désir exprimé, de
demander le catalogue et de faire procéder sur le
champ à un inventaire, qui fut une prise de possession.
La destination de cette bibliothèque fut d'abord réservée, puis, comme tous les autres biens de l'Académie
et du consistoire, elle fut attribuée aux hospices de la
ville, à la charge, pour ceux-ci, de recevoir les malades protestants et de leur accorder les mêmes soins
qu'aux malades catholiques [1]. Là se bornait la justice
du grand roi. Il donnait à sa confiscation l'excuse qu'elle
était faite au profit des pauvres.

1. Une des filles du médecin Herbaut, qui avait donné des leçons de
philosophie à l'Académie en 1681, obtint de Louis XIV, après s'être
convertie, l'autorisation de prendre place parmi les religieuses gardes-
malades de l'hôpital.

La disparition de l'Académie de Saumur fut accueil-
lie avec joie dans la région. Une députation fut en-
voyée à l'évêque d'Angers pour le remercier d'être
intervenu dans l'affaire [1]. Mais cette disparition causa
en grande partie la ruine de la ville. L'Académie était
célèbre ; les étudiants qui y affluaient étaient nombreux
et, pour la plupart, riches. C'était, par tradition, l'établissement favori de la noblesse protestante, comme
La Flèche était celui de la noblesse catholique. De
plus, l'activité intellectuelle entretenait un commerce
de librairie important [2]. Autant de sources de revenus
qui étaient taries. Les habitants, inquiets, adressèrent
la requête suivante au roi. « Sire, les habitants de
votre ville de Saumur remontrent très humblement à
Votre Majesté que votre zèle leur a accordé la destruc-
tion de l'Académie et du temple de ceux de la R. P.
R. qu'ils ont sollicitée depuis plusieurs années ; mais
que le concours de la noblesse française et étrangère
qui y faisoit ses exercices d'étude s'étant retiré, les
marchands de Hollande et autres provinces qui fai-
sôient commerce à cause de la noblesse et écoliers et
presque tous les artisans se sont pareillement retirés,
et l'éloignement des uns et des autres a rendu cette
ville qui, selon son étendue, étoit une des plus considérables du royaume par le trafic, presque déserte et
sans négoce et diminue toujours, s'il n'y est pourvu [3]. »

1. *Archives départementales de l'Anjou*, BB, 175.

2. Cinq libraires : MM. Desbordes, Nobileau, Pean, Ribotteau et
Vaillant sont nommés dans le *papier de recette des deniers académiques*, comme ayant fourni des livres donnés en prix aux écoliers,
et il y en avait d'autres.

3. Cité par Dumont, *op. cit.* 103. Dans le rapport de Charles Colbert, écrit en 1664, on lit : « La ville de Saumur est la plus considéra-

Mais supprimer pour l'autorité est plus facile qu'établir, et ce n'est pas l'oppression, qui limite ou arrête l'expansion des énergies, qui est féconde. L'Oratoire, persécuté, lui aussi, voyait également sa prospérité diminuer. Saumur était condamné pour longtemps à rester une vulgaire petite ville de province. Ce qui avait fait pendant près d'un siècle sa fortune et sa réputation, n'existait plus ; le souvenir de sa célébrité lui restait seul. Cette célébrité, nous l'avons vu, avait été grande. Saumur avait tenu une place importante dans le mouvement intellectuel d'un grand siècle ; il avait même eu le privilège d'être un contre cartésien qui, grâce à la présence, et, à un certain moment, la complicité d'une Académie illustre, avait pu étendre son influence au loin et exercer une action profonde.

ble de cette province après Angers, et n'est pas une des moindres du royaume. Elle est une des plus connues des étrangers qui y viennent du côté de l'Allemagne et pays septentrionaux, pour apprendre la langue française et pour s'instruire à l'Académie des Huguenots. » Cf. Miromesnil (*Mémoires sur l'Anjou* publié par Marchegay dans les *Archives d'Anjou*. « Cette grande diminution d'habitants procède de la suppression du temple, du collège et de l'Académie qui attiroient beaucoup des religionnaires étrangers. »

APPENDICE

I.—Liste des Professeurs de Philosophie de l'Académie protestante de Saumur (1606-1684).

Craig, Écossais. . ·. . 1606-....
Marc Duncan, Écossais. 1606-1617 Principal, 1610-1610
Volmann, Écossais . . ....-1614
Françoisde Burgersdick,
    Hollandais 1614-1617
Schewer,Écossais. . . 1617-1623
Duncan (suppléant) . . 1617-1621
Josué de la Place. . . 1621-1624
Duncan(suppléant) . . 1623-1626
Mouthet, Écossais . . 1624-1626
Des Loges 1626-1628
Fontrant. 1626-1628
De Lonchamps . . . 1628-1631
Jehan Druet 1628-1683
Forent 1631-1634
Isaac Hugues 1634-1660
Étienne Gaussen. . . 1660-1664
Jean-Robert Chouet. . 1664-1669
Pierre de Villemandy . 1669-1683
Fanjou 1683-1684
Renaudot 1684-1685

(D'après les *Registres* de l'Académie).

ILLUSTRISSIMO AC POTENTISSIMO VIRO
DOMINO DOM,
GASTONI JOHANNI BAPTISTÆ
DE COMMENGES
CHRISTIANISSIMI REGIS IN SANCTIORI
CONSISTORIO CONSILIARIO
EJUSDEM IN CASTRIS ET EXERCITIBUS LEGATO, CENTUM CATAPHRACTORUM
TRIBUNO, CELERUM REGINÆ DUCI, ARCIS, URBIS, SENESCALIÆ, TOTIUSQUE
SALMURIENSIS DITIONIS PRÆSIDI OPTIMO ET SAPIENTISSIMO

Subjectam pro consequendo Artium magisterio disputationem in summæ reverentiæ, omnisque cultus significationem D. V. O. Laureæ Magistralis candidati, quorum nomina fors infra disposuit.

Theses logicæ

Thesis prima

Logicus categoriarum usus imprimis ad disserendi modos ordinatus est, vix enim quidquam recte definies, vel divides, expedite, ea saltem divisione qua totum in partes logicas vel metaphysicas dispescitur ignarus categoriarum : hinc patet non a solo Metaphysico (quippe qui minime agit de ratione modorum disserendi) sed etiam a Logico, categorias considerari.

II

Substantia, quæ in categoriarum dispositione primas tenet, est ens per se subsistens ; ubi per se subsistere non est esse independens, sic enim nulla creatura substantia dicenda foret, sed utcunque declaratur negatione τοῦ esse in subjecto ; in subjecto autem id esse dicimus, quod est in aliquo, non ut ejus pars, nec potest esse sine eo in quo est.

III

Trita est substantiæ divisio in primam et secundam : illa nec est in subjecto, nec dicitur de subjecto ; hæc de subjecto quidem dicitur : sed non est in subjecto : non est generis in species, sed subjecti potius per adjuncta, quippe cum nec singularitas, nec universalitas naturæ subs-

Theses physicæ

Thesis prima.

Qui rerum naturalium (quarum physica est scientia) unicum principium posuerunt, sive finitum sive infinitum, pariter qui, numero infinita, a vero aberrarunt : illi quidem quod nullam in corporibus compositionem physicam agnoverint : hi vero quod sustulerint naturalium scientiam. Principium in genere est id unde aliquid fit, est, aut cognoscitur. Unde patet quædam esse generationis, quædam compositionis quædam cognitionis principia ; idem diverso respectu in triplici illo ordine principium esse potest.

II

Pauciora sunt compositionis corporum, quam generationis principia, illa duo esse ut communior sic verior est physicorum sententia : quare qui formam substantialem e principiorum albo expungunt, omnem corporum quidditativam distinctionem, omnemque generationem Physicam evertunt. Principia generationis interna sunt quæ nec ex se invicem, nec ex aliis, sed ex quibus omnia fiunt. Præter materiam et formam (quæ ut ad generationem, sic ad compositionem concurrunt) recte Aristoteles inter generationis principia, privationem posuit.

Theses ethicæ

Thesis prima

Falluntur qui credunt Socratem Ethicam e cœlis evocasse, et primum in civitates hominumque transtulisse cætus ; excoluit quidem non invenit ; Imo ne Thales quidem Socrate antiquior, nec ipse Protagoras, Pythagorica metempsychosis et cœlestis harmonia cujus numeros se callere Pythagoras olim gloriatus est, mystice de moralibus intelligi possunt. Musicam non quamlibet sed moderatam, quam Doriam veteres appellabant, sedandis animi moribus, et formandis moribus non inutilem antiquæ sapientiæ cultores crediderunt.

II

Ethicam practicam esse, non Theoreticam finis illius evincit. Equidem non solum mortalium animos informat cognitione naturæ et officiorum justitiæ, Temperantiæ, Fortitudinis et similium ; sed eosdem ad honestam earum praxin, sine qua illæ frustra sunt, quantum potest promovere contendit. Morales Theoreticos similes esse ægrotantibus, qui audiunt quidem, non faciunt quæ a Medicis præscribuntur, rectissime ac verissime dixit Aristoteles : Certe ut illi corporis sanitatem non consequuntur,

tantiali per se insit : In actu exercito secunda de prima prædicatur, in actu signato non item.

IV

Angelos et corpora cœlestia etsi ad diversas philosophiæ inspectricis partes pertinent, ejusdem tamen generis communione gaudere arbitramur : Itaque quod vulgo dicunt, corruptibile et incorruptibile genere distingui, convenienti ratione intelligendum est. Ratio substantiæ ut sic, non est univoca omnibus quibus convenit.

V

Substantiæ specificæ suas habent (quamquam nos plerumque latent) differentias quidditativas, positivas illas quidem, non vero in meris negationibus, etsi non raro negative eas exprimere cogi..., sit..s : illas non ad qualitatem, ut præpostere aliqui faciunt ; sed ad solum substantiæ prædicamentum pertinere contendimus.

VI

Substantiæ categoriam, præterquam in aliis, in eo quoque ab accidente distinguimus, quod illa de quocumque prædicatur, de eo prædicetur essentialiter ; etenim substantia nullum alium habet quam ad sua inferiora respectum, cum accidens et ad inferiora, quibus essentialiter inest, et ad subjecta quibus inhæret, dicat habitudinem.

VII

Substantiis categoricis quidquam contrarie opponi negamus. Hanc substantiæ notam, unum idemque numero manens per aliquam sui mutatiönem capax est contrariorum, si simpliciter et, ut jacet, accipitur,

III

Mirum tantam in rebus discordiam reperiri, ut nihil sine contrarietate fiat : Etenim ea est inter principia rerum naturæ incompatibilitas, ut sit impossibile concordi pace ligari : Ne tamen existimes omnia generationis principia sibi contrarie opponi. Materia, licet nec quid, nec quantum, nec quale sit ; media tamen natura est quæ neutri extremo opponitur : ab utroque re et ratione distincta, utrumque non simul (id enim impossibile est) sed successive recipit. Principia quæ generationem terminant sunt prima contraria.

IV

Quum autem subjectum sit prius ordine naturæ, iis quæ subjecto adveniunt, sequitur materiam primum esse inter principia : A forma (quam ut plurimum existendi consequentia præcedit) dignitate superatur : Primum est subjectum corporum in quod illa ultimo resolvuntur. Non est ipsa corpus, sed corporea, formæ tamen corporeitatis expers, vagatur per omnes corporum ordines ejusdem speciei. Unicam numero in omnibus actu existere et falsum et absurdum est. Materia formas appetit plerumque desiderio, non raro complacentia,

V

Formæ materiam specificant et ex ente potentia faciunt ens actu : quidquid ergo fit, fit ex non ente, nec propterea creatur. Omnes præter animam intelligentem, educuntur e potentia materiæ : consequenter nec fieri, nec esse, nec operari valent extra materiam. Forma totius adæquatum est et totale proprietatum et naturalium actuum principium : forma pars non adæquatum quidem sed primarium : ab hac in specie sumpta corporum diversitas specifica enascitur. Non raro distincta specie corpora eamdem numero materiam obtinent.

sic isti non animum non reddunt meliorem.

III

Ethicæ objectum est modus et ratio naturaliter bene vivendi : finis, naturalis hominum felicitas ; hanc non in fortunæ non in corporis bonis, saniores Philosophi imo ne Epicurus quidem, quidquid in contrarium multi opinentur ; sed in iis quæ ad animum attinent, præsertim sitam esse, communi consensu voluerunt.

IV

Est itaque Ethica Disciplina bene vivendi hominem absolute sumptum dirigens ad beatitatem practicam. Non tota est ; sed pars Philosophiæ practicæ duabus aliis partibus plenius consequendis necessaria. Optime dividitur in partem quæ est de summo bono et partem quæ est de mediis ad hoc obtinendum conducentibus. Medium virtutis, si quis attingere velit, ab illicita corporum voluptate et vitiis ad quæ natura proclivis est, pro virili parte cursum in contrarium flectens, debet recedere.

THESES METAPHYSICÆ

Thesis prima.

Metaphysica, quippe scientia communis, sola inter Philosophiæ Theoreticæ partes intellectum humanum perficit cognitione primorum universalium : Unde patet Metaphysicam utilem esse ad alias scientias ; hæ enim, cum aliquam objecti Metaphysici particulam sibi abscindant, eam non possunt perfectissime intelligere, nisi dependenter ad illius cognitionem.

II

Quum complexa suarum conclusionum habeat principia, simplicia affectionum habere necesse est. Sim-

aliis præterquam substantiæ, rerum generibus aptari posse putamus.

VIII

Ut qualis qualis Categoriarum cognitio ad disserendi modos necessaria est, sic ad eosdem prærequiritur aliqua prædicabilium intelligentia. Prædicabilia hoc loco appellamus, terminos simplices qui vere, proprie, naturaliter, distributive etc., affirmantur de pluribus; falso igitur definitionem, divisionem et id genus alia, prædicabilibus nostris annumerabis.

IX

Prædicabilium duplex est ordo, quædam essentialia, quædam accidentalia sunt, inter illa primum dignitate species; origine sive naturæ ordine, necnon prædicationis amplitudine genus, locum sibi vendicat; in quid non in quale differentia in n in qui præ icatur. A iud præter genus de pluribus specie differentibus in quid prædicari potest. Natura generica præcise sumpta species suas actu non continet.

X

Recte distinxit Porphyrius, cap. 4 introductionis, differentiam in communem, propriam et maxime propriam; hæc sola tertiam prædicabilis speciem constituit; per se in divisionibus generum et specierum definitionibus adhibetur, cæteræ per accidens. A muneribus in divisivam et constitutivam vulgo dispescitur; una et eadem utroque munere defungi potest, sed non erga idem.

VI

Motus omnis sive quantitativus, sive qualitativus, sive localis requirit movens, mobile, terminum a quo, et terminum ad quem. Latio ut motus valde communis, sic maxime sensibilis non habet pro termino intrinseco locum, quem Aristoteles definit in physicis extremitatem ambientis, etc. Fieri in vacuo si semel positum est, præter authoritatem Aristotelis, quam tanti esse non arbitramur ut sit rationi anteponenda, non video quid impediat.

VII

Mundus quem sic appellant ratione ornatus, sicuti ratione quantitatis et multitudinis corporum, Universum, non male ab authore libri de Mundo describitur compages cœli terræque et naturarum quæ inter hæc extrema claduntur. Non est animatus, nisi secundum quid. Errant quotquot secuti philosophum eum posuere ab æterno, nec fuit, nec esse potuit. Cœlum tantæ simplicitatis esse ut ne compositionem quidem physicam materiæ et formæ admittat credidit Averroes, sed falso.

VIII

Simplicium miscibilium quaternarium numerum, non solus scholæ peripateticæ consensus, sed præcipue ratio a primis qualitatibus ducta, junctâ simul experientiâ, non demonstrative quidem, efficaciter tamen ostendit, his duntaxat primis qualitatibus miscibilia informari, a ratione penitus abhorret: quare in iis præter qualitates, substantiales actus reperiri, qui sint qualitatum principia, nulli dubitavimus.

plicia vel sunt essentia, vel affectio jam prius demonstrata. Sola inter scientias humanas omnia scit, sed non sigillatim. Attributorum entis quædam unico termino exprimuntur: quædam nonnisi disjunctione. Unum quod inter simplicia primo occurrit, est quod in se indivisum est: qui addunt et divisum a quocunque alio, si de actu intelligunt, hallucinantur.

III

In unitate fundatur identitas, cui diversitas sive distinctio opposita est: Multiplicem hanc Scholastici Imprimis Scotistæ faciunt, formalem puta, essentialem, subjectivam, potentialem, virtualem, etc. Sed missis variis illis scotistarum distinctionibus, duplicem distinctionem facimus; Realem scilicet et rationis: illa præcedit intellectus actum, hæc sequitur: sed interdum cum certo in rebus fundamento.

IV

Realis Distinctio vel major vel minor est: Minor vulgo modalis in ter rem et rei modum, vel inter plures ejusdem rei modos cernitur. Modum in præsentia appellamus non quidquid alterius determinativum est, sed illud quod cum entitatem e se non habeat, alterius entitati super radditur citra mentis operationem. Ea, quorum unum ab altero realiter separari potest, plusquam ratione distinguuntur et quæ realiter separata conservantur, distinguuntur plus quam modaliter.

Has Theses, Deo duce, tueri conabuntur, sub præsidio Domini D. Joannis Drueti Philosophiæ Professoris celeberrimi, die nona septembris ab hora octava matutina usque ad vesperem. Loco solito.

Paulus TESTARDUS, Blæsensis.
Daniel CHARDONUS, Turonensis.
Isaacus SARRAVIVUS, Parisinus.
Abel RANFRAIUS, Picto Lucionensis.
Henricus HIRZELEIUS, Helvetio Tigurinis.

Moses ISULANUS, Parisinus.
Andreas SANISSONUS, Bergeracensis.
Gulielmus de FALGUEROLLES, Parisinus.
Jacobus BRISSACUS, Juliodunensis.
Samuel METTAYERIUS, Quintinopolitano-Veromanduus.

Casparus SCHMIDUS, Helvetio-Tigurinus.
Leonardus HIRZELEIUS, Helvetio Tigurinus.
Petrus SEGURIUS, Juliodunensis.

Salmurii, Ex Typographia Joh. Lesnerii ad insigne Libri Aurei MDCLII

III. — Lettre de Chouet au proposant Sarrazin.

Vous faites plus d'estime de la lettre que je vous écrivis il y a quelque temps qu'elle ne mérite, mais pour vous faire voir, Monsieur, que je reçois les vostres avec beaucoup de plaisir, je veux répondre dès ce moment à la dernière qui ne m'a esté rendue que depuis deux ou trois jours, quoy qu'elle soit datée du premier de juillet.

Notre première question, Monsieur, regarde le lieu des esprits. Pour vous en dire présentement un peu plus au long ce que j'en pense, Vous remarquerez d'abord, s'il vous plait que comme les corps n'occupent un espace ou ne sont dans le lieu que par quelques-uns de leurs attributs a scavoir par leur estendue et leur figure, les esprits aussi ny scauroyent ostre en cas qu'ils y soient que par leurs pensées puisqu'ils n'ont point d'autres attributs essentiels. Il est bon de remarquer encore que les esprits peuvent avoir de deux sortes de pensées, les unes qu'on peut appeler intérieures, immanenes, comme quand ils cognoissent, veulent, jugent, raisonnent, etc. en eux-mesmes, et les autres extérieures, *transeuntes* comme quand ils produisent quelque chose hors d'eux-mesmes, par exemple quelques mouvements dans les corps.

Si nous concevons les esprits par rapport à leurs pensées ou à leurs opérations extérieures nous pouvons accorder qu'ils sont dans le lieu non pas par une présence locale c'est-à-dire en remplissant une espace par la diffusion de leur substance puisqu'ils n'ont aucune estendue mais parce qu'ils y opèrent en excitant par leurs pensées du mouvement dans tel ou tel espace, dans tel ou tel corps. Mais encore qu'un esprit ne soit dans le lieu que par ses opérations, il ne laisse

pas d'y estre par la présence réelle de sa substance, car où
est l'action d'un esprit, là doit aussi estre nécessairement sa
substance, les attributs d'une chose ne peuvent jamais estre
séparés de la chose mesme, d'où vient pour le dire en passant que les Sociniens me paroissent ridicules, lorsqu'ils
asseurent que la divinité est dans le monde, non pas par son
essence, mais seulement par ses opérations puisque l'essence
et les opérations d'un esprit sont inséparables. Dieu donc est
partout par son immensité et par la présence réelle de son
essence, non pas qu'il occupe localement et par la diffusion
de sa substance les espaces, ceste manière d'estre estant contraire à la simplicité mais parce que son essence est présente à tous les espaces et à toutes les créatures par la conservation et par ses autres opérations. De mesme, Monsieur,
pour me servir de vostre exemple vostre âme est dans vostre teste non pas par une présence locale, en y occupant
quelque espace, car en ce sens elle n'est pas plus dans vostre corps qu'elle est icy dans Genève ou dans le Japon, mais
par ses opérations et, par conséquent, aussi par son essence
en excitant par ses pensées divers mouvements dans vostre
cerveau. D'où vous voyez que si vostre âme cessoit d'agir
sur vostre corps et que Dieu lui permist d'exciter par sa
volonté quelques mouvements dans un corps qui fust icy à
Genève, on pourroit alors dire qu'elle auroit changé de lieu
et qu'elle auroit passé d'Annonay à Genève. Mais il est
facile à voir que ce changement de lieu n'auroit rien de
commun avec le mouvement local des corps. Je me sers,
Monsieur, de cest exemple plustost que de celuy que vous
alleguez, parce que lorsque *nous voyons* ce n'est pas l'âme
qui agit c'est le corps qui agit sur elle, voilà pourquoy vous
ne sçauriez me voir à Genève parce que mon corps est dans
une certaine situation à vostre égard, qu'il ne peut agir sur
vos organes ni par conséquent sur vostre âme. Si nous con-
sidérons présentement les esprits, Monsieur, à l'égard de leurs

pensées ou de leurs opérations intérieures seulement, on peut assurer qu'ils ne sont en aucune façon dans le lieu. En effet je croy que si vous estes persuadé que l'estendue et la matière sont la mesme chose vous m'accorderez facilement qu'avant la création du monde Dieu n'estoit en aucun lieu et que s'il avoit créé des esprits avant que de produire la matière, ils n'auroyent de mesme rempli aucun espace parce qu'alors n'y ayant aucune estendue, il n'y auroit aussi aucun espace ny aucun lieu. Il en est de mesme aujourd'hui lorsque Dieu et les autres esprits agissent seulement en euxmesmes, ils ne sont dans aucun espace ni dans aucun lieu parce qu'alors leurs pensées n'ont pas plus de rapport à l'espace au lieu que s'il n'y en avoit point du tout. Mais *mon âme* dites-vous *sera après ma mort dans le ciel où elle n'est pas présentement.* Je l'avoue, Monsieur, mais je croy qu'estre dans le ciel ou dans le paradis à l'égard d'un esprit dégagé de toute matière désigne non un lieu ou un espace mais un certain estat seulement, je veux dire que quand on assoure que nostre âme immédiatement après la mort (car après la résurrection lorsqu'elle sera réunie à nostre corps ce sera autre chose) ira au ciel ou en Paradis, on doit entendre non pas qu'elle ira occuper tel ou tel espace dans le ciel Empirée au-dessus du firmament après avoir parcouru par un mouvement local tous ceux qui s'estendent d'icy jusques là, ceste pensée me paroist contraire à la nature, mais plustôt qu'elle sera dans l'estat de félicité et jouira du souverain bonheur que Dieu luy a promis.

Cependant adjoutes vous les esprits doivent estre où ils sont et puisqu'ils sont ils doivent estre quelque part.

Cette objection, Monsieur, me fait croire qu'au lieu de vous servir uniquement de vostre entendement pour concevoir les esprits comme des choses qui n'ont rien d'essentiel que la pensée vous employez encore vostre imagination qui vous les représente confusément et peut estre malgré que

vous en ayez avec quelque petite estendue, si cela est vous
concevez toujours les esprits dans le lieu, parce que tout ce
qui est estendu occupe nécessairement et essentiellement
quelque espace. J'avoue donc, Monsieur, que les esprits sont
parce qu'ils ont effectivement l'existence et plusieurs autres
attributs très réels, mais il ne s'ensuit pas de là qu'ils soyent
quelque part, c'est-à-dire qu'ils occupent une espace comme
je crois l'avoir démontré particulièrement dans ma première
lettre. Outre que cette maxime : *tout ce qui doit estre quelque part*, ne peut s'entendre de l'estre en général, car on ne
sçauroit dire que la sagesse, par exemple, la vertu, le vice, la
durée, la vérité, etc., qui sont pourtant des choses très réelles
remplissent des espaces on ne doit pas aussi l'appliquer aux
esprits, surtout quand ils n'opèrent qu'en eux-mesmes : elle
ne peut donc estre entendue que des corps qui, effectivement
ne peuvent subsister qu'ils ne soyent en quelque part.

Il est temps, Monsieur, de venir aux autres questions, la
seconde en touchant *l'action des esprits sur les corps et celle
des corps sur les esprits.* Il est v   y qu'un esprit ne pouvant
agir que par la pensée puisque nous ne connoissons en luy
aucun autre attribut et le corps n'agissant que par son mouvement, nous ne sçaurions concevoir que la pensée de celuy-
là naturellement et par elle-mesme puisse agir sur celui-ci ou
que le mouvement d'un corps naturellement et par luy-
mesme puisse opérer sur un esprit. C'est pourquoy quand un
esprit finy quel qu'il soit agit sur un corps ou un corps sur
un esprit nous devons penser que cela procède de la volonté
ou de l'institution de l'Autheur de la Nature. Par exemple,
nostre âme par sa volonté meust nostre corps ou plus tost
en détermine le mouvement (car nous sommes assez convain-
cus par l'expérience qu'elle ne produit mesme aucun nouveau
mouvement en nous, mais qu'elle règle seulement celuy qui
y est) et nostre corps par ses mouvemens excite ou resveille
diverses perceptions dans nostre âme, non par aucune force

naturelle que nous recognoissions en eux pour agir ainsi l'un sur l'autre, mais parce que Dieu le veut ainsi et parce qu'il a fait cette loy *que toutes les fois que l'âme auroit certaines pensées il en naîtroit tels ou tels mouvements dans le corps et que toutes les fois que le corps auroit certains mouvements l'âme en recevroit dans le mesme moment de certaines pensées.* Et ce n'est qu'en ceste liaison des mouvements du corps et des pensées de l'âme que consiste l'union admirable de ces deux parties. Voilà à mon advis comme il faut concevoir la chose ce qui n'empesche pourtant point que nous ne disions qu'un esprit agit véritablement sur un corps et un corps sur un esprit quoy que cela dépende de la volonté et de l'institution de Dieu, outre que dans les sciences après avoir estably la vérité nous devons tousjours parler selon l'usage sans nous faire un langage particulier du moins autant que nous le pouvons...

Enfin, Monsieur, les difficultés qui vous embarrassent sur la dernière question touchant *la liberté de Dieu* ne viennent de ce qu'estants finis comme nous sommes, nous ne pouvons comprendre l'infinité de Dieu et de sa durée, car nous devons estre persuadés que Dieu estant un estre tout parfait, toutes les perfections que nous pouvons concevoir sont tout autant d'attributs qui appartiennent à son essence. Or il me semble que de faire Dieu autheur de tout ce qui est, hors de luy et de faire dépendre de sa volonté toutes les choses qui n'ont pas une liaison évidente avec sa nature de manière que rien ne soit ni ne se fasse que parce qu'il le veut, c'est luy attribuer une plus grande perfection que de dire qu'il fait ces choses-là par une nécessité indispensable et parce qu'il y est déterminé par sa nature. Outre que d'asseurer comme vous estes obligé de faire par vostre principe que Dieu a esté naturellement déterminé à faire naistre Abel avant Seth, Jacob avec de bonnes inclinations et Esaüe avec de mauvaises, quoyque la liaison de ces choses avec la nature de Dieu selon que vous dites vous-mesme ne vous paroisse pas fort naturelle, c'est asseurer ce que nous ne concevons point, c'est dire qu'il y a de la liaison où nous ne n'en sçaurions appercevoir, et c'est affirmer qu'une chose est pendant que nous concevons le contraire. Je vous dis donc, Monsieur, comme je l'ay desja dit dans ma première lettre, que Dieu n'estoit point déterminé de luy-mesme à créer le monde plus tost qu'à ne le créer pas, et qu'il pouvoit résoudre l'un et l'autre avec une égale facilité; il a pourtant toujours esté déterminé à le créer, mais c'est parce que luy-mesme s'est déterminé très librement et par sa pure volonté à cela de toute éternité. Vostre Maxime à le prendre absolument et généralement n'est pas véritable *que tout ce qui est éternel est nécessaire*. Je vous avoue que cela nous paroist difficile mais nous en sçavons la raison c'est que l'Éternité est une durée infinie : car après tout puisque nous concevons clairement que c'est une perfection dans un estre que toutes les choses qui sont différentes de luy et qui n'ont pas de liaison nécessaire avec son essence, en dépendent essentiellement, nous devons asseurer que tout ce qui est hors de Dieu dépend de sa volonté ou de sa liberté encore que nous ne puissions pas bien comprendre comment ceste liberté peut s'accorder avec l'Éternité, nous souvenant toujours d'ailleurs qu'il s'agit icy d'un estre infini et incompréhensible à un esprit fini tel que le nostre.

Vous avez adjouté à vostre lettre un apostille, Monsieur, où vous me demandez comment cette maxime : que *tout ce qui est en Dieu est Dieu mesme* peut s'accorder avec les religions personnelles qui sont la divinité, mais vous me dispenserez, s'il vous plaist de respondre è ceste nouvelle question. Comme philosophe je ne raisonne jamais de la Trinité, je la considère comme un mystère entièrement incompréhensible à l'esprit humain, et comme chrétien je m'en tiens essentiellement à ce que nous enseigne la parole de

Dieu sans aller au delà autant qu'il m'est possible. Lorsque je pourroy vous rendre service en quelque autre chose je le feroy de tout mon cœur, je vous prie d'en estre persuadé.

Je suis, Monsieur

vostre

A Genève le 1er septembre 1680.

La copie de cette lettre, dont l'original se trouve dans la riche bibliothèque de M. Tronchin, à Bessinges (Suisse), nous a été communiquée avec la plus grande obligeance par M. E. de Budé, qui en donne un court résumé dans sa *Vie de J. R. Chouet*, p. 153.

IV. — PROGRAMME DES COURS DE L'ACADÉMIE DE SAUMUR EN 1680

(BIBLIOTHÈQUE NATIONALE TT. 266) [1]

QUOD DEUS BENE VERTAT
ANNO SALUTIS MDCLXXX
ACADEMIA
SALMURIENSIS
SUA STUDIA XXIV OCTOBRIS
INSTAURARE DECREVIT

Et annum cujusque ordinis pensum hac Tabella designandum censuit.

Sacrosanctæ. *Theologiæ* brevis Institutio tradetur.

Controversiæ tractabuntur.

Loca selecta veter- et Novi Testamenti explicabuntur.

Hebraïcæ linguæ Professor post explicatam de more grammaticam, Praxin ejus in explicandis uno et triginta Psalmis omnium postremis monstrabit. Dein Aggæum. Zachariam, etc interpretabitur.

Philosophiæ Professorum alter, præmissis brevioribus Institutionibus Logicis, Organum Aristotelis explicabit, eoque absoluto, Epitomen Ethices tradet.

Alter præmissa Physices Epitome libros Aristotelis Physicos, quotquot in scholis prælegi solent commentariis illustrabit, questiones necessarias discutiet et Metaphysices Epitomen tradet.

Accedent frequentissime Disputationes Theologicæ et Philosophicæ, ad exacuenda studiosorum ingenia necessariæ

1. Dom Jarno dans la *Revue d'Anjou* 1652 donne les programmes d 1683 et 1684. Il n'y a pas de changement pour la philosophie. Ils sont reproduits dans Bourchenin, *op. cit.*

IN CLASSIBUS HUMANIORUM STUDIORUM HÆC PROELEGENTUR

IN PRIMA CLASSE

Priore semestri.

Horis matutinis.

Rhetorica contracta Vossii.
Epistolarum Horatii libri duo.

Horis pomeridianis.

Ciceronis orationes pro Ligario et Dejorarq.
Herodianus.

Posteriore semestri.

Horis matutinis.

Retoricæ quæ supererunt ex priore semestri.
Juvenalis satyræ I et 10.

Horis pomeridianis.

Ciceronis oratio pro lege Manilia.
Homeri Ilias 5ª et 6ª.

IN SECUNDA CLASSE

Priore semestri.

Hora matutina.

Cornelius Nepos Item Syntaxis Græca cum accentibus.

Prosodiæ repetitio cum Praxi.

Horis pomeridianis.

Virgilii Bucolica.
Œliani Variæ Historiæ liber 1ª et 2ª.

Posteriore semestri.

Hora matutina.

Carminum Horatii libri duo priores et Oratio Ciceronis pro Marcello.

Cum Tractatu de Tropis et Figuris.

Horis pomeridianis.

Ovidii Epistolæ, 6ª 7ª, 8ª 9ª, 10ª 12ª 13ª 17ª.

Isocratis Oratio ad Nicoclem.

IN TERTIA CLASSE

Priore semestri.

Hora matutina.

Terentii Phormio et Hecyra N. Test. Græcum. Et canones accentuum Græcorum.

Horis pomeridianis.

Ovidii Metarmophoseon lib. 4. 5. 6.

Cum Vossii Prosodia.

Posteriore semestri.

Hora matutina.

Sallustius.

Horis pomeridianis.

Virgilii Æneides lib. I et II.
Novum Testamentum.

IN QUARTA CLASSE

Priore semestri.
Hora matutina.

Latina syntaxis, cum repetitione primæ partis grammaticæ Latinæ, et Praxi præceptorum utriusque. Aurelius Victor.

Horis pomeridianis.

Radices græcæ cum Declinationibus nominum et conjugationibus verborum græcorum simpliciter. Colloquia. Erasmi.

Posteriore semestri.
Hora matutina.

Justini liber, 1, 2, 3.
Epist. Ovidii I.

Horis pomeridianis.

Grammatica græca repetitur addita. Praxi illius ad Novum Testamentum.
Ovidii Tristium, lib. I.

IN QUINTA CLASSE

Priore semestri.

Pars prima grammaticæ cum facilioribus syntaxeos regulis, et utriusque partis Praxi ad colloquia aliquot Corderii.

Posteriore semestri.

Disticha Dionisii Catonis, cum. Alphabeto græco.

IN SEXTA CLASSE

Declinationes Nominum et Conjugationes verborum Latinorum

Insuper in prima atque secunda classibus exercitabuntur Adolescentes edendis frequentissimis speciminibus Retoricis et Poeticis Græce et Latine : et in cæteris classibus, pro suo cujusque captu ; Themata Gallica Lingua in Latinam transferenda aliaque quotidiani profectus specimina a præceptoribus præscribentur.

Præterea, sub finem utriusque semestris. Humanarum Litterarum Studiosi omnes, profectus sui rationem, coram Senatu Academico reddituri sunt.

Salmurii apud Henricum Desbordes Typographum et Bibliopolam
MDCLXXX

V. — Lettre de M. du Tertre de Petit-Bois, Lieutenant particulier à Saumur à Monseigneur, au sujet de thèses soutenues dans le Temple.

(Bibliothèque nationale, T. T. 266, VI).

Monseigneur,

Quoi que par les arrêts du conseil d'État de Sa Majesté du mois d'août 1679 et février dernier que vous nous avez fait l'honneur de nous envoyer portant entre autres choses deffence aux Ministres et Professeurs de la R. P. R. de faire imprimer aucunes thèses ny affiches sans se distinguer par les mots de la R. P. R. ont cru éviter le chagrin de ces térmes en ne faisant point imprimer leurs thèses et les exposant seulement au public manuscrites ce qui nous a obligés, Monsieur le Procureur du Roy et moy, de nous transporter dans leur temple lors de leur acte public et d'en dresser le procès-verbal que j'envoie à Votre Grandeur avec autant de leurs thèses afin qu'il vous plaise nous y prescrire l'ordre que vous souhaitez qu'on garde à l'avenir, Monsieur le Procureur du Roy et moy n'ayant pas cru devoir de nostre chef expliquer les dits arrests autrement qu'ils sont conçus, c'est-à-dire Monseigneur, que ne parlant que de l'impression nous vous supplions très humblement de nous faire savoir si les manuscrits de cette qualité y sont compris puisqu'ils sont dans les disputes publiques aussi exposés que s'ils étoient imprimés afin de faire exécuter les ordres de Sa Majesté quand elle aura levé le doute qu'il peut y avoir sur les termes desdits arrêts et qu'il vous aura plû me le faire savoir, ce que j'attendroy avec l'impatience respectueuse que j'auroi toute ma vie de vous marquer que je suis avecque une obéissance très profonde et fidèle ...

Monseigneur,

Votre très humble, très obéissant serviteur.

Signé : A. du TERTRE DU PETIT-BOIS.

A Saumur, ce 10 septembre 1681.

Procès-verbal.

Aujourd'hui neuvième de septembre mil six cent quatre vingt un. Nous Alphonse du Tertre seigneur du Petit-Bois, conseiller du Roy, lieutenant particulier en la Sénéchaussée, ville et ressort de Saumur, sur la remontrance à nous faicte par le Procureur du Roy que ceux de la Religion prétendue reformée soutenoient des thèses publiques dans le Temple sans en avoir notre permission et nos conclusions pour les exposer au public suivant les arrests de Sa Majesté, et notamment ceux du moi d'août 1879 et 25 janvier dernier, Nous nous sommes transportés avec ledit Procureur du Roy et assisté de Goudoin, commis de notre Greffier, au dit Temple, Où nous avons rencontré les professeurs et ministres de la dite Religion P. R, avec plusieurs écoliers dont quelques-uns étoient revêtus de robes longues qu'on nous a dit être ceux qui soutenoient pour parvenir au degré de Maîtres es Arts qu'ils prétendent estre en droit et possession immemorable de donner à leurs dits écoliers, et aussitôt notre arrivée d'un des dits écoliers soutenant nous a présenté une thèse manuscrite dans une grande feuille de papier contenant en titre ces mots : *Assertiones ex variis Philosophiæ partibus selectæ.* Et ensuite avons laissé continuer la dispute des dites thèses sous le seigneur de Vilmandie, Professeur de Philosophie de la dite Religion P. R, laquelle étant finie, nous avons déclaré aux dits sieurs ministres et professeurs es personne de Maitre Jean Barrin, Henry Philipponneau, Escuis sieur de Montargis et du sieur Druet et de Vilmandie, Professeurs en la dite Philosophie, le sujet de notre transport.

A ce fait le dit Procureur du Roy a requis acte de la dite thèse exposée en public par ceux de la dite R. P. R. laquelle ils ont affichée contre l'usage immemorial de tous les collèges et qu'ils ont eux-mêmes pratiqué jusqu'à présent de n'en pas faire imprimer, pensant par cette voie élucider l'exécution des dits arrêts qui leur défendent d'exposer aucun dogme en public sans la permission des Magistrats du lieu sur les conclusions des Procureurs de Sa Majesté, quoi qu'ils soient également obligés d'en prendre la dite permission dans tout ce qu'ils exposent en public, soit qu'ils l'impriment ou non, et encore qu'ils soient obligés par les Édits et les mêmes arrests de se distinguer dans leurs thèses publiques de celles de la Religion catholique et pour cela d'y ajouter le nom des Professeurs avec ces mots, De la Religion Prétendue R. ce qu'ils n'ont point fait dans la deuxième thèse. Au contraire ils ont affecté de ne mettre dans la deuxième thèse manuscrite ni le nom des Professeurs, ni le nom des Écoliers soutenant contre ce qu'ils ont toujours pratiqué, ni même la date.

Et à l'instant nous a été présentée une des dites thèses commençant par les mêmes titres et finissant par ces mots: ad obtinendum Artium Magisterium tuebuntur adolescentes sic dispositi. En suite de quoy sont les noms des écoliers soutenant sans y avoir ajouté ces mots de la R. P. R. A requis que les dites deux thèses seront jointes au présent Procès-verbal et qu'elles soient de nous paraphées pour être le tout envoyé à Sa Majesté et à Nos Seigneurs du Conseil pour y être statué, et nous a pareillement requis acte de ce que, contre leurs mêmes pratiques ils n'ont porté aucune des dites thèses es maisons des Magistrats et autres personnes catholiques.

Le dit sieur de Vilmandie qui présidoit aux dites thèses nous a dit en répondant de son chef comme étant de son fait qu'il n'a pas prétendu contrevenir ny aux Edits, ny aux Arrests de Sa Majesté en faisant soutenir à ses écoliers des thèses manuscrites et non imprimées ainsi qu'ils ont eu coutume d'en soutenir souvent dans leur collège pour exercer leurs écoliers, puisqu'ils n'ont jusqu'à présent eu aucun Edit, Arrêt et déclaration qui leur imposoit la nécessité de faire imprimer leurs thèses, que s'ils ont choisi dans cette occasion le lieu du Temple, c'est parce qu'il est plus spacieux pour le nombre des auditeurs que leurs classes, qu'il est venu deux autres fois dans notre maison pour nous faire voir ces Thèses et avoir permission de les faire imprimer, que nous lui aurions octroyé, mais que nous n'ayant pas eu le loisir de les examiner et se trouvant cependant obligé de les faire soutenir, le temps des vacances pressant, il a cru pouvoir les soutenir manuscrites sans être obligé de les faire imprimer, Nous ayant même demandé si dans l'esprit des dits arrêts cela se pouvoit ainsi faire, Et que nous lui aurions répondu que l'arrêt ne parloit véritablement que pour les thèses et autres ouvrages publics imprimés, que nous n'estimions pas que les dits arrêts les obligeassent à l'impression, il a dit qu'il n'y a rien dans le manuscrit qui en dût empêcher de le faire imprimer d'autant que ce sont des thèses sur la philosophie seulement, sans qu'elles contiennent aucuns dogmes, ni maximes de la Religion. Après quoi les dits seigneurs Barin, de Montargis et Druet ont fait pareilles protestations d'être dans une soumission entière et fidèle pour l'exécution des ordres et Arrêts de Sa Majesté, où ils n'ont pas cru faire la moindre contravention en souffrant que les Thèses fussent soutenues manuscrites au lieu d'être imprimées. Ce qu'ils croyoient d'autant plus volontiers que le dit sieur de Vilmandi nous en avoit parlé et leur avoit dit que nous ne croyons pas qu'il y eût rien de contraire aux dits Arrêts ce qui a réglé toute leur conduite dans la suite étant extrêmement affligés de voir qu'on veuille cependant aujourd'hui le prendre en mauvaise part.

Nous Lieutenant particulier reconnaissons que depuis huit ou dix jours le dit sieur de Vilemandie est venu en notre maison même une fois ou deux avec le dit sieur Druet. demander permission de faire imprimer leurs Thèses de Philosophie, ce que nous leur aurions octroyé, et le nommé Desbordes, libraire, nous étant venu trouver pour imprimer les thèses du sieur Druet, nous luy aurions dit qu'il le pourroit faire, et que nous lui en donnerions toute fois la permission avec le procureur du Roi. Que depuis, le dit sieur de Vilemandie nous étant encore venu trouver a demandé s'il pourroit faire imprimer ses thèses sans mettre le nom ni du Professeur ni des Ecoliers soutenant avec ces mots *Magistri Artium*, nous luy aurions dit que nous n'estimions pas que les Edits et arrêts les obligeoient de se distinguer par ces mots de la R. P. R. dans tous les ouvrages qu'ils exposoient en public sur la Religion, que samedy dernier plus ou moins de jours, car nous ne saurions préciser les marques, le dit sieur de Vilemandie nous demanda s'il pourroit laisser ses thèses manuscrites sans les faire imprimer et nous lui dismes que les dits Arrêts ne parloient véritablement que des Thèses, livres et autres ouvrages imprimés, mais que le contraire nous paraissoit fort délicat sans lui avoir permis ni défendu.

Desquels dires et déclarations nous avons dressé l'acte et

présentement paraphé les dites deux thèses lesquelles l'ont aussi été par le Procureur du Roi et le dit sieur de Vileman-die pour dûment jointes à ces présentes.

Et du tout fait et dressé le présent Procès-verbal pour y être ordonné par Sa Majesté et Nos seigneurs du Conseil ce qu'il appartiendra. Fait et arresté au dit Temple le dit jour neuvième septembre mil six cent quatre-vingt-un.

Minute signée : A Du Tertre du Petit-Bois, lieutenant par-ticulier, De Villiars Mothaisé, Procureur du Roy, Philipon-neau, De Montargis, P. de Villemandy, Druet, Barin.

Les deux exemplaires des *Assertiones* dont il est ques-tion plus haut se trouvent dans la même liasse à la Biblio-thèque nationale. L'un n'a pas la phrase finale mentionnée au procès-verbal. « Ad obtinendum artium magisterium tuebuntur adolescentes sorte sic dispositi » ni les noms des élèves. L'autre, au contraire, renferme ces indications et ce fut ce dernier qui fut remis au lieutenant du roi. On peut remarquer que dans ce placard il n'y a plus, comme dans celui de 1652, de dédicace à un fonctionnaire royal. L'aca-démie était devenue pour le pouvoir un établissement étranger. Nous donnons le second exemplaire.

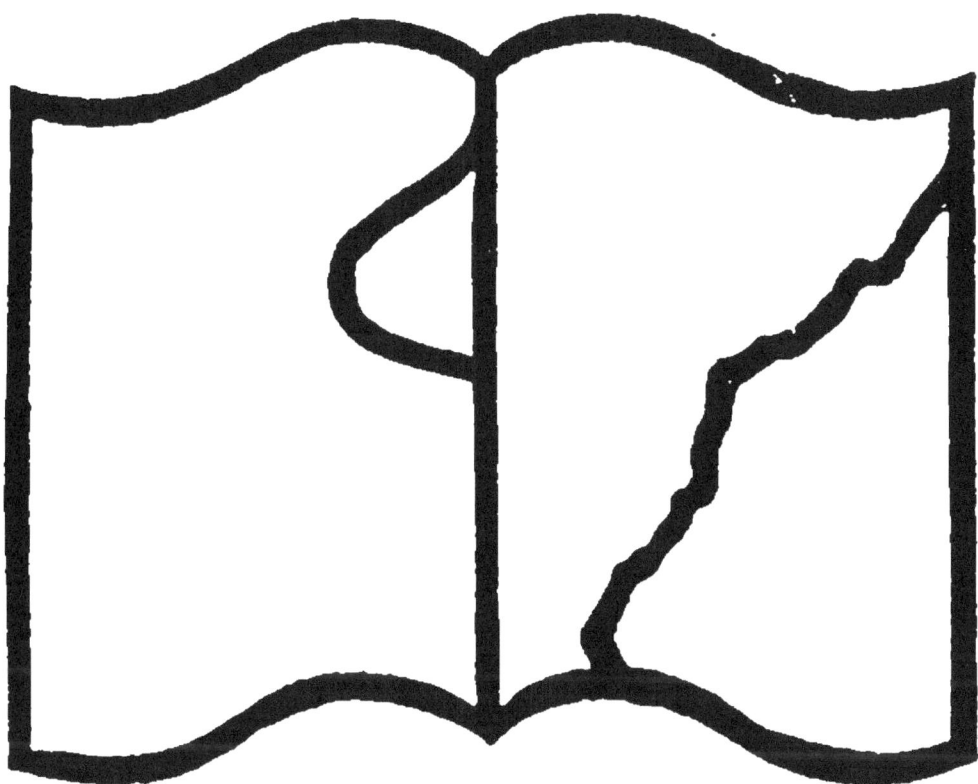

Texte détérioré — reliure défectueuse

NF 7 43.130.11

ASSERTIONES
EX VARIIS PARTIBUS PHILOSOPHIÆ
SELECTÆ

EX LOGICA

ASSERTIO I

Cum ad veram cognitionem facti sumus philosophandum certe sed ad distinctam rerum præstantiorum ac utiliorum cognitionem, quæ una cognitio est vera Philosophia.

Ass. II

Ad ejus comparationem requiruntur equidem tum sensus, tum intellectus, sed necessaria insuper ars discendi, seu logica, quæ tum sensuum, tum rationis excursus ac errores præceptis suis dirigat.

Ass. III

Artis hujus industria in eo præsertim elucet quod infinitam rerum multus ingeniosissime complectatur ; earumdem convenientiam vel oppositionem scite definiat ; aliarum ex aliis consecutiones perspicue ostendat ; omnes denique situ suo collocet.

Ass. IV

Classes illæ sunt naturales generum et specierum, individuorumque nonnullorum, cum adjacentibus unius cujusque differentiis, subordinationes. Decem porro convenienter statuuntur, substantiæ, quantitatis, etc. reipsa differentes ; in quibus finita quæque ùno et Deus infinitus, collocentur.

Ass. V

Conveniunt præ cæteris universalia, singulariaque ipsis subordinata. Universale autem est, unum aptum inesse multis, in eoque duo, Natura et Universalitas : quorum prius existit reipsa, posterius duntaxat operatione intellectus. Hujus quinque sunt species, genus, species, differentia etc. Universalis naturam ex æquo participante: Opponuntur præsertim Re-

---

EX METAPHYSICA. Ass. II
(Suite)

sunt intellectus et voluntas, opinandi modo differentes, sed entitate eædem Prærogativæ vero Libertas, qua ex cognitione prævia sese ad agendum determinat, origo omnino Divina : quandoquidem aliâ viâ, quam creatione produci nequeat, et immortalitas non quidem absoluta, quæ uni Deo convenit sed naturalis, nulli cuiquam creaturæ subjacens, cujus vi annihilari possit ant interire.

Ass. III

Angelica est substantia cogitans finita, ex se ad nullum corpus determinata. Hujus quidem existentia rationibus naturalibus potest suaderi, tem non otes Ea-

dem sunt ejus facultates quæ humanæ, eademque privilegia, sed tum intellectus, tum voluntatis, tum Potentiæ modum vix possumus definire.

Ass. IV

Divina est substantia cogitans summe perfecta, ejus existantia tam nota quam quod notissimum, Omnia unico actu distinctissime cognoscit. Potest quoque distributive producere, at quæ cunque potest, non vult. Quemadmodum Mundum ex nihilo creavit, sic quoque influxu perpetuo conservat, quin et nihil quidquam efficitur, ni ad ejus productionem concursu tum simultaneo tum prævio, cooperetur.

EX PHYSICA
ASSERTIO I

Ut Metaphysica in substantiæ immaterialis, sic Physica in materialis, seu corporis naturalis, contemplatione occupatur. Hujus autem disciplinæ pars duplex. Generalis, quæ corporis naturalis principia essentiam

---

EX PHYSICA. (Suite)
Ass. VI

Motus est successiva status mutatio. Quilibet est essentialiter localis ; possunt tamen ex variis effectibus sex ejus species statui ; generatio, corruptio, accretio, Decretio, Alteratio et Localis motus, specifice sic dictus. Sive quiescat, sive moveatur tamdiu manet in suo statu, quamdiu ab alio non dimovetur.

Ass. VII

Pro varia partium constituentium dispositione, variæ sunt corporum naturalium species. Aliud enim est simplex et homogeneum, cujus partes sunt similes, aliud concretum et mixtum, cujus sunt dissimiles. Omnium systema, a Deo sa i structum vocatur mundus, qui ita unus est, ut eodem tempore multiplex esse posse non videatur, quique certo quodam tempore ex nihilo ita eductus, ut æternus esse non potuerit, tametsi in æternum sit quodammodo permansurus.

Ass. VIII

Corpora simplicia ex quorum mixtione alia concrescant, dicuntur Elementa. Chymistarum Sal, Sulphur et Mercurius : Aristoteleorum Terra aqua, aer et ignis possunt ordinis hujusce corpora utcumque censeri : At recentiorum philosophorum Ignis Æther, et Tellur potiori Jure censebuntur.

EX ETHICA
ASSERTIO I

Contemplatio omnis ad praxin et vitæ felicitatem est transferenda adeoque parta rerum spiritualium ac materialium cognitione hisce merite accedit Ethica quæ ultimo homini fine præmonstrato, hujus obtinend viam actionum omnium humanarum

ativa, contraria, Privativa et contradictoria.

Ass. VI

Enunciatione rerum respectus solent definiri. Nulla formari potest quæ non sit determinate vera vel faisa, etiamsi futurum vel contingentissimum respiciat Ut effugiatur error, enunciatio perceptioni semper est conformanda.

Ass. VII

Earumdem rerum connexiones sequitur discursus cujus potissima species syllogismus, in quo ex duabus propositionibus tertia necessario deducitur. Tres sunt illius figuræ; fundamenta duo ; quæcumque sunt eadem uni tertio, ea sunt idem inter se, quæcunque non sunt eadem uni tertio, ea non sunt idem inter se.

Ass. VIII

Methodus convenienter omnia disponit, id semper præscribens, ut a notioribus a ignota procedatur.

EX METAPHYSICA

Assertio I

Ubi ars sciendi est comparata, tum sciendum, quod autem primum objicitur, evidenter cognoscendum, est substantia immaterialis, cujus ratio in cogitatione est sita. Species vero sunt tres. Mens humana, angelica et divina, in quibus omnibus explicandis occupatur Metaphysica.

Ass. II

Mens humana est substantia cogitans, ad hominis compositionem naturaliter ordinata. Hujus facultates

---

et proprietates. Et specialis, quæ varias ejusdem species persequitur.

Ass. II

Principia ex quibus corpus naturale componitur, sunt Materia et Forma, seu extensio, extensionisque modificatio. Principia vero, a quibus producitur, sunt tum mundi permanentia, tum natura hunc scopum operando sibi præstituens.

Ass. III

Quæ in scholis explicari solent rerum naturalium proprietates sunt, quantitas, Locus, Tempus, Motus. Quantitas autem est extensio determinata, a materia ratione determinationis tantum diversa. Quæ mathematice est equidem infinite divisibilis, at physice est finite.

Ass. IV

Locus internus non est spatium quoddam intelligibile, sed situs unius corporis inter alia. Externus vero est immediate circumjacentium superficies, quæ quidem immobilis, sed potius in idea quam in re eo quod corpus ab ea discedere nequeat, quin cogitatione figatur.

Ass. V

Rei cujusque naturalis tempus est ejusdem duratio externo quodam motu uniformi et perspecto mensurabilis. Proinde cum duratio a re durante non distinguatur, nisi ratione exterioris mensuræ notificantis nec etiam distinguitur tempus. Ut magnitudo ex punctis coexistentibus, sic tempus ex moments sibi essentialiter succedentibus constat.

---

enumeratione, earum denique directione commonstret, eoque modo philosophiæ totius systema compleat.

Ass. II

Datur ultimus hominis finis, qua adepta possit quiescere. Is est summum illius bonum, quod duplex vel morale vel physicum. Morale est Dei ut redemptoris dilectio ; Physicum vero voluptas inenarrabilis, ex ea dilectione efflorescens. Ex utriusque autem concursu adjunctisque concomitantibus, plena exurgit hominis felicitas.

Ass. III

Media ad hunc finem ducentia sunt omnes hominis actiones, ex prævia cognitione sic procedentes et rectæ esse possint, vel vitiosæ. Harum quædam ex superiori animæ parte, cujusmodi, intentio, volitio, etc. Aliæ vero ex inferiori, cujus generis affectus ex boni aut mali apprehensione animum sic commoventes ut in corpus redundent, procedunt.

Ass. IV

Non possunt porro ad felicitatem perducere ni eo quo debent, modo temperentur. Temperatio autem ejusmodi dicitur vel honestas, vel virtus, quæ nihil aliud est, quam conformitas cum rationis dictamine fidei lumine illustrato. Generales autem virtutis species sunt Pietas, quæ Deo, justitia, quæ proximo et Sanctitas quæ nobismet ipsis jus persolvant. Quamobrem qui pie juste et sancte vixerit is omnibus tum hominis, tum christiani officiis ad felicitatem plene fuerit defunctus.

Ad obtinendam artium magisterium tuebuntar adolescentes sorte sic dispositi.

Daniel Day. Benearnensis.
Petrus Des Reaux, Rupellensis.
Philippus Capellus, Salmuriensis.
Elias Duval, Illoldunensis.
Paulus Bancellinus, Metensis.
Claudius Testifollices, Niortensis.

Petrus Seignette. Ruppellensis.
Joannes Laius, Benearnensis.
Petrus de Villemandi de la Messiere, Rupefocaldensis.
Fredericus Rivetus, Picto.
Franciscus de Laeger, Castrensis

Petrus Hamelotus, Rupellensis.
Joannes, Casa major, Benearnensis.
Isaacus Dusoul,
Jacobus Capellus, } Salmurienses.
Daniel Ligerius,
Elias Berton, Turonensis.

Cet exemplaire est ainsi collationné au verso

A. du Tertre du Petit-Bois

Lieutenant particulier.

De Villiars Mothaysé
Procureur du Roy.

VI. — Actes du Synode de Touraine, Anjou, le Maine, etc., tenu à Sorges près d'Angers par permission du Roy le deuxième jour de juin 1683 concernant la conduite de notre Eschole.

Les députés de Loudun en exécution de l'arresté du dernier synode tenu à Bellesme ont rapporté les remarques faites par M. des Loges sur quelques traités de philosophie de M. de Villemandy, sur quoy après que M. de Grandchamp, fils du sieur des Loges s'est retiré, la Compagnie, sçachant que le dit sieur de Villemandy étoit en ce lieu de Sorges l'a mandé pour l'ouïr sur les dites remarques et répondre précisément par oui et par non, sur chacun des articles, ce qu'il a fait, asseurant la Compagnie conformément à un acte fait par ceux qui composent le conseil ordinaire de l'Académie de Saumur, qu'il n'avoit point de sentiments contraires à notre confession de foy, à notre liturgie, à notre Catéchisme et à notre Discipline ecclésiastique et en donnant plusieurs explications sur les endroits de son livre que l'on avoit remarqués et comme ce livre avoit été imprimé sans aucune approbation des Examinateurs des livres en ces Provinces et les Députés de Saumur ayant déclaré que le dit sieur de Villemandy ne l'a point présenté au Conseil académique, a protesté qu'ils n'en ont aucune connoissance, qu'il n'a point été introduit dans l'usage de l'Académie qu'ils n'y prennent point de part. M. le Commissaire catholique a pris un exemplaire imprimé de ce livre des mains du dit sieur Villemandy, l'a mis en celles de son secrétaire, paraffé de sa main à la première page avec une feuille séparée et le dit sieur de Villemandy a dit que son livre avoit été imprimé hors de France

à son insceu sur quelques cahiers que Desbordes, imprimeur
de Saumur, avoit eu de ses escholiers, lesquels il avoit envoyé à un de ses correspondants. Cependant la Compagnie
luy a reïteré les exhortations portées par l'arresté du synode
de Bellesme [1].

Extrait des registres de l'Académie, cahier II.

VII.— Procès-verbal dressé par les soins de Charles de
Beaumont d'Autichamp, chevalier seigneur de Miri-
bel, Cray et Saint-Christophe, lieutenant du Roy et
commandant pour le service de Sa Majesté au Gouvernement d'Angers, commissaire catholique nommé
par Sa Majesté pour assister au synode de la R. P.
R. de la province d'Anjou ayant pour secrétaire
M. Baltasar Musard, Licentié es Loix.

Le sieur de Villemandy produit un traitté de philo-
sophie imprimé sans at-
testation ny permission.

Les Députés de Loudun suivant l'arresté du dernier synode
tenu à Bellesme ont rapporté les remarques du sieur Deslo-
ges sur un Traitté de Philosophie composé par le sieur de
Villemandy, Professeur en l'Académie de Saumur. Le dit
Villemandy mandé et fait venir au synode a esté interrogé
par le modérateur sur les dittes remarques ; et en y répondant, il a produit un livre imprimé qu'il a dit estre le Traité
de Philosophie en question. Nous l'avons pris de ses mains,
et l'ayant ouvert, nous avons reconnu qu'il a pour titre :
Philosophiæ veteris et novæ Parallelismus et qu'il est rap-

1. Cf. plus haut p. 107 note 3.

porté imprimé à Amsterdam, sans attestation du Ministre,
sans permission du magistrat, sans privilège. Nous lui avons
dit que ce livre n'étoit revestu d'aucune des formes prescrites
par l'article 14 de l'Edit de Nantes et par les Arrests du Conseil d'État du 19 novembre 1670 et 10 janvier 1671. Il nous
a répondu que son livre avoit esté imprimé hors de France
à son insceu, et que Desbordes imprimeur à Saumur ayant eu
quelques cahiers de ses Escolliers, il les avoit envoyés à ses
correspondants qui l'avoient imprimé. Les Députés de Saumur qui avoient d'abord blasmé le livre ont dit que ny eux
ny aucun de leur Académie n'en avoient eu connoissance. Nous
leur avons remonstré que la delfense du sieur de Villemandy
les convainquoit du contraire puisque rejettant comme il faisoit l'impression de ce livre sur les cahiers que Desbordes
avoit eu de ses Escolliers, il s'en suivoit que Villemandy
avoit enseigné dans l'Académie de Saumur la Philosophie qui
estoit dans ce livre, ce qui n'avoit pu ny du estre ignoré par
les Ministres et les Professeurs de la mesme Académie. Que
comme ce livre pouvoit contenir des erreurs, d'autant plus
dangereuses qu'on en avoit imbu de jeunes gens, nous le rete-
nions par devers nous pour en informer Sa Majesté après
l'avoir fait examiner. Et nous l'avons mis à cette fin entre
les mains de notre secrétaire qui l'a parafé à la première et
dernière page, *ne varietur.*

du 4 juin 1683.

Archives nationales, T. T. 267 liasse XVI.

VIII. — Certificat de J. Perrée, prêtre de l'Oratoire, pour attester que l'ouvrage intitulé : « Philosophiæ veteris et novæ Parallelismus », Amsterdam, 1679, que lui a mis entre les mains M. d'Autichamp lieutenant pour le Roy à Angers est un ouvrage hérétique.

Monsieur d'Autichamp, Lieutenant pour le Roy dans la ville et chasteau d'Angers et gouvernement d'Anjou, commissaire catholique nommé par Sa Majesté pour assister au synode de la Religion prétendue réformée tenu à Sorges le 2 de ce mois et jours suivants, m'a mis entre les mains un livre latin qui a pour titre : *Philosophiæ veteris et novæ Parallelismus*, et ce avec un acte du dit synode par lequel il paroist que ce livre a esté composé par le sieur Villemandi, professeur de philosophie, en l'Académie de Saumur, qui a luy-mesme reconnu ce livre, m'ordonnant de l'examiner tant pour la forme que pour la doctrine. Ce que j'ay faict avec application et ay reconnu que ce livre est sans nom d'autheur, sans attestation des ministres et sans permission du magistrat ; ce qui est une contravention manifeste à l'arrest du Conseil d'État du 9 novembre 1670 qui ordonne expressement ces formalités ; que le mesme livre est rapporté imprimé à Amsterdam en 1679 chez Henri Westino quoi qu'il paroisse par le papier et les caractères qu'il est imprimé en France, qu'il contient trois parties dont la première est appelée *Manuductio ad philosophiæ Aristotelæ Epicuræ et Cartesianæ parallelismum* etc., et les deux autres sont une logique entière : que l'autheur y mesle plusieurs points de théologie controversés entre les catholiques et les calvinistes, comme quand dans la première partie il établit pages 90, 91, 92, etc. l'inamissibilité de la justice, la justification par la seule foy et par imputation en accusant les catholiques d'erreur en cette matière; et que dans la troisième partie pages 369, 376, 377, 395 et 401 pour expliquer les règles de l'argumentation il allègue des exemples qui ne ressentent que l'hérésie. C'est ce que nous attestons soubs nostre seing. A Angers ce treizième juin mil six cents quatre-vingt-trois.

PERRÉE

prestre de l'Oratoire.

Bibl. de la Soc. de l'histoire du Protestantisme français. Mss. *Recueil l'Anjou, Berry, Maine. Orléanais. Touraine,* p. 122.

IX. — Procès-verbal de la prise de possession
de la bibliothèque de l'Académie protestante de Saumur

Nous Jacob de Lestang, chevalier, Seigneur de Ry, lieutenant et commandant pour le Roy en ses ville, chasteau et
gouvernement de Saumur, ce jourd'hui, sur les sept heures
de la matinée du vingtiesme de janvier mil six cent quatre
vingt cinq, assisté du sieur Doualle Mr en cette ville qu'a-
vons pris pour nostre secrétaire et gens de notre suitte pour
l'exécution des ordres de Sa Majesté, sommes transporté en
la maison de l'Académie de ceux de la Religion prétendue
Réformée de cette dite ville où étant et parlant à Jacques
Deprez escuier ministre et professeur en théologie de la ditte
religion prétendue réformée et Principal du collège de la dite
Académie, luy avons déclaré le sujet de notre transport, et
qu'il s'agissoit d'exécuter les ordres de Sa Majesté et en conséquence qu'il eust à faire présentement ouverture de la Bibliothèque de la ditte Académie. Il nous a faict réponse qu'il reçoit
avec beaucoup de soumission, les ordres du Roy, et en y obéissant a fait ouverture de la ditte bibliothèque, et y estant
entrez l'ayant interpellé de nous déclarer qu'il n'y a point
d'autres livres appartenant au consistoire que ceux qui nous
paroissent en la ditte bibliothèque et qu'il ayt à nous
represanter le catalogue qui en peut avoir esté faict ensemble les manuscrits, sur quoy il nous a déclaré qu'au mois

d'avril mil six cent quatre vingt un qui est le temps qu'il fust
chargé de la ditte bibliothèque, il fut faict un catalogue de
tous les livres dont elle étoit composée, la plupart desquels
sont venus de deffunt le sieur Duplessis-Mornay et l'autre
parti a esté donné à la ditte Académie par quelques particuliers depuis peu d'années, comme il paroît par l'ancien
catalogue qui est dans le mesme volume que le nouveau, par
la conferance desquels on en peut voir la differance ; lequel
volume il nous a représenté et affirmé n'avoir congnois-
sance qu'il y ait autres livres que ceux qui se trouvent à présent en la ditte bibliothèque. Parmi lesquels il n'y a qu'un
seul manuscrit très ancien et nous a prié de représenter à Sa
Majesté et à Nosseigneurs de son conseil que cette Académie est beaucoup endebtée tant vers luy Deprez que ses collègues, professeurs et régents et aux imprimeurs et libraires
de plusieurs sommes considérables, et sy tant est que la ditte
académie soit supprimée, ils n'ont de gaige naturel pour le
paiement de ce qu'il leur est deus et aux imprimeurs et libraires pour ce qu'ils ont fourni à la ditte académie que sur ces
livres et la ditte bibliothèque ; qu'ainsy on ne peult leur en
refuser le payement sur les dits livres en la valeur d'iceulx
qui ne peut être considérable, ce qui sera recognu par l'esti-
mation qui en pouroit estre faicte, dont le prix net sera
suffisant et remplira les dettes supliant très humblement Sa
Majesté en laisser la libre disposition pour aider en tant
qu'elle pourra l'acquittément des causes cy-dessus, disant
faire les dittes déclarations sans touttefois qu'elles puissent
préjudicier aux droits de ceux qui l'ont chargé de la ditte
bibliothèque et a signé Deprez.

Ce faict Nous sommes saisy des clefs de la ditte bibliothèque et avons mandé François Degouy, marchand libraire et
imprimeur en cette ville, lequel venu a commencé à veoir et
visiter les livres de la ditte bibliothèque pour en savoir la
valeur et par le dit Doualle pris pour nostre secrétaire vacqué

au catalogue d'iceux en présence du dit sieur Deprez, comme s'ensuit pour en estre le double envoyé incessamment au roy et à Nosseigneurs de son conseil.

Archives nationales, T. T. 266.

Vu :
Lyon, le 3 décembre 1906
Le Doyen de la Faculté des lettres
de l'Université de Lyon.
L. CLÉDAT

Vu et permis d'imprimer
Lyon, le 3 décembre 1906
Le Recteur
JOUBIN

BIBLIOGRAPHIE

A la Bibliothèque de Saumur.

Manuscrits.

I. — Papiers et Registre des affaires de l'Académie Royale établie à Saumur, depuis le mois d'octobre 1613 jusqu'au 20 mars 1675, 1 vol, in-folio, 229 feuillets.

II. — Registre du conseil académique de ceux la R. P. R. de Saumur, du 20 juin 1683 au 6 décembre 1684, 1 vol. in-folio, 18 pages.

III. — Papier de recepte des deniers ordonnés pour l'entretien de l'Académie de Saumur, sur le quint denier des povres des Eglises réformées de France, par l'ordonnance du synode royal de Charenton l'an 1631, 1 vol. in-fol. 113 p.

IV. — Liasse contenant les différents arrêts relatifs à la fermeture de l'Académie et du temple de Saumur et à l'attribution des biens des protestants aux hospices de la ville.

V. — Cursus logicus a Domino Drueto in Academia Salmuriensi professore et scriptus a Leone Belin Domini Drueti discipulo, 1679.

VI. — Livres de visite des Pères visiteurs de l'Oratoire.

A la Bibliothèque de Poitiers.

I. — Cursus physicæ a d. domino Drueto... traditus et
absolutus ab Andrea Sanissono, 1652. Suivi d'une pa
ncarte imprimée des thèses de philosophie soutenues
sous ce professeur en 1652.

II. — Commentarii in Organum Aristotelis... a domino
Drueto, 1655.

III. — Cursus logicus, suivi de Ethicæ compendium. Epitome
metaphysicæ par le même, 1655.

IV. — Physicæ compendium, suivi de Ethicæ compendium,
Epitome Metaphysicæ par le même 1651.

Archives nationales, TT. 266.

Diverses pièces relatives aux affaires Villemandy et à la suppression de l'Académie, cf. Appendice.

*Bibliothèque de la société de l'Histoire du Protestantisme
français.*

Recueil: l'Anjou, Berry, Maine, Orléanais, Touraine, p. 122 sqq.
Diverses pièces relatives aux mêmes affaires, cf. Appendice.

Bibliothèque d'Angers.

Manuscrit, n° 873, in-fol. surtout pièce 68 intitulée : Contredits de production. soumis par le syndic du clergé
d'Anjou demandeur contre les protestants de Saumur
à MM. Voisin de la Noraye et Henri de Soucelles
commissaires nommés par le roy pour connoître des
contraventions aux édits de pacification.

Imprimés.

Mémoires de Duplessis-Mornay, 12 vol. 1824, Paris, Treut-
tel et Niortz.

DUPLESSIS-MORNAY. — De la vérité de la Religion chrétienne, Anvers, 1581.

MARCI DUNCANI. — Philosophiæ et Med. D. Institutionis logicæ Lib. quinque. Nouvelle édition. Saumur, 1651 ; la 1re en 1612 in-12.

FRANCONIS BURGERSDIC — Institutionum Logicarum libri duo. Lugduni Batavorum, 1626, in-12.

MOYSE AMYRAUT. — La Morale chrétienne, à Saumur, chez Isaac Desbordes, 1652-1660, 6 volumes en 4.

ISAAC HUGUES. — Ethica quæ est prima pars Philosophiæ moralis... methodo nova Isaaci Hugonis in regia Salmuriensi Academia Philosophiæ professore, Salmurii, 1657, in-12.

DE VILLEMANDY. — Manuductio ad Philosophiam, Aristoteleam, Épicuream et Cartesianam, authore Petro de Villemandy. Philosophiæ in Academia Salmuriensi professore, Salmurii, 1678, in-4.

D'HUISSEAU. — La Discipline des Églises réformées de France, édition revue par d'Huisseau, ministre à Saumur. Saumur, 1666.

ÉLIE BENOIT. — Histoire de la Révocation de l'Édit de Nantes. Delft, 1693.

BOSSUET. — Histoire des Variations des Églises protestantes.

BAYLE. — Dictionnaire. Art. Duncan.

Dr J. DUMONT. — Histoire de l'Académie protestante de Saumur. Mémoire, in-8, 107 p. Angers, 1862.

Dr J. DUMONT. — L'Oratoire et le Cartésianisme en Anjou. Mémoire, in-8 Angers, 1864.

J. GOUSSET. — Causarum primæ et secundarum realis operatio. Leovardiæ, in-8, 1716.

CÉLESTIN PORT. — Dictionnaire historique géographique et biographique du Maine-et-Loire, 3 vol. in-8. Angers, 1871. Très important.

J. F. BODIN. — Recherches historiques sur Saumur et Angers, 2e éd. revue par P. G. 2 vol. in-8. Saumur, 1846.

Revue de l'Anjou. Différents articles, notamment: Notice sur
    l'Académie protestante de Saumur par Dom Jarno avec
    certains documents. Année 1852. Histoire d'Anjou par
    Barthelemy Roger, ancien moine bénédictin. Année
    1852. Poitou: Duplessis-Mornay. Année 1853. Journal
    de *Jehan Louvet* (1560-1631). Années 1854, 1855, 1856.
    De Lens : La Philosophie en Anjou. Année 1873, etc.

Paul Marchegay. — Archives d'Anjou, in-8. Angers, 1843.

Dr Gaulay. — Souvenirs anecdoctiques sur Saumur, in-12.
    Saumur, 1873.

E. de Budé. — Vie de J. R. Chouet, in-12. Genève, 1899.

P. Ad. Perraut. — L'Oratoire en France au xvii° et
    xviii° siècle.

Recueil des vies de quelques prêtres de l'Oratoire par le
    père Cloyseault, publié par le P. Ingold. 3 vol. in-12.
    Paris Poussielgue, 1883.

De Wulf. — Histoire de la Philosophie médiévale, 2° éd.
    Paris. Alcan, 1905.

Picavet. — Esquisse d'une histoire des philosophies médié-
    vales. Alcan, 1905.

Fr. Bouiller. — Histoire de la Philosophie cartésienne.

D. Bourchenin. — Étude sur les Académies protestantes aux
    xvii° et xviii° siècles. Paris, 1882.

Franck Puaux. — Les Précurseurs de la Tolérance au
    xvii° siècle. Dôle, 1880.

TABLE ALPHABÉTIQUE

DES NOMS PROPPES

TABLE DES MATIÈRES

Mayenne. Imprimerie Ch. Colin.

ERRATA

P. 9, note, ligne 1, *lire :* sont ; ligne 2, *au lieu de :* Amyrant, *lire :* Amyraut.

P. 39, ligne 15, *au lieu de :* s'éclairent, *lire :* s'éclairant.

P. 41, note, ligne 12, *au lieu de :* Cum meus, *lire :* Cum mens.

P. 56, note 2, ligne 5, *au lieu de :* patefacere ... ac. *lire :* patefacere ac.

P. 61, note 1, ligne 7, *au lieu de :* eus materiale, *lire :* ens materiale.

P. 62, note 2, ligne 5, *au lieu de :* alicnam, *lire :* ahenam.

P. 64, note 1, ligne 3, *au lieu de :* promonet, *lire :* promovet.

P. 76, note 2, ligne 12, *au lieu de :* gallinacca, *lire :* gallinacea.

P. 87, ligne 20, *au lieu de :* ne savait, *lire :* ne savait pas.

P. 115, note, ligne 5, *au lieu de :* cadem, *lire :* eadem.

P. 125, note 2, ligne 2, *au lieu de :* septicisme, *lire :* scepticisme.

P. 130, note, dernière ligne, *lire :* la recette.

P. 146, ligne 16, *lire :* immanentes.

P. 161, ligne 1, *lire :* relativa ; même page, Ass. VIII, ligne 3, *au lieu de :* a ignota, *lire :* ad ignota.

P. 163, ligne 20, *au lieu de :* Aristoteclæ Epicuræ, *lire :* Aristolcæ Epicureæ.